ALL NEW
브리태니커 지식 백과

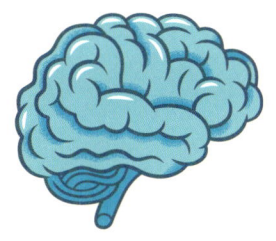

세상을 새롭게 바꾼
인간

머리말

엔사이클로피디어 브리태니커는 아주 오래 전인 1768년부터 흥미로운 지식들을 모아서 독자들이 즐겁고 재미있게 익히는 데 도움이 되도록 노력해 왔어요. <브리태니커 지식 백과>도 여러분을 재미있는 지식의 바다로 안내하는 책이에요. 여러분이 페이지를 넘길 때마다 새로운 탐험거리가 넘쳐날 거예요.

이 책에 나오는 모든 놀랍고 흥미진진한 내용은 언제든지 바뀔 수가 있어요. 아직 답을 알아내지 못한 수수께끼를 풀게 되면 새로운 사실이 또 밝혀질 테니까요. 그러니 '밝혀지지 않은 이야기' 코너를 특히 잘 봐두세요. 이 책을 만드는 데 도움을 준 여러 학자와 전문가들은 지금도 지식의 경계를 허물고 또다시 만들어가면서 열심히 '정확한' 지식을 찾고 있어요. 그분들 덕분에 우리는 세상을 더 잘 이해할 수 있게 되지요. 세상을 더 잘 이해한다는 건, '무엇을 아직 모르고 있는지도 안다'는 뜻이에요.

우리는 '사실'이 중요하다고 믿어요. 그래서 책에 싣는 모든 내용이 사실인지 철저하게 확인하며 정확한 것만을 담기 위해 노력해요. 엔사이클로피디어 브리태니커는 250년 넘게 전문가들과 함께 혁신을 추구하면서 연구와 탐구에 헌신해 왔어요. 그 오랜 역사 끝에 브리태니커와 왓언어스 출판사가 손잡고 크리스토퍼 로이드와 함께 펴낸 이 <브리태니커 지식 백과>를 어린이들에게 소개하게 되어 매우 기뻐요.

제이 루버링
엔사이클로피디어 브리태니커 편집장

차례

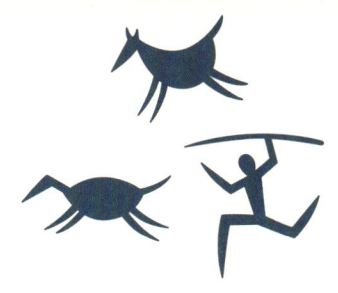

인간의 삶과 문화: 크리스토퍼 로이드	5
인간이 되다	6
사람의 몸	8
DNA와 유전학	10
뇌	12
감정	14
감각	16
음식과 조리	18
옷과 장식	20
종교	22
갈등과 전쟁	24
언어와 이야기	26
읽기와 쓰기	28
예술의 시작	30
다양한 예술	32
달력	34
화폐	36
범죄와 법	38
교육	40
일	42
게임과 스포츠	44
축제	46
죽음의 의식	48
전문가에게 물어봐!	50
퀴즈	51
낱말 풀이	52
찾아보기	53
참고한 자료	55
사진과 이미지 출처·이 책을 만든 사람들	56

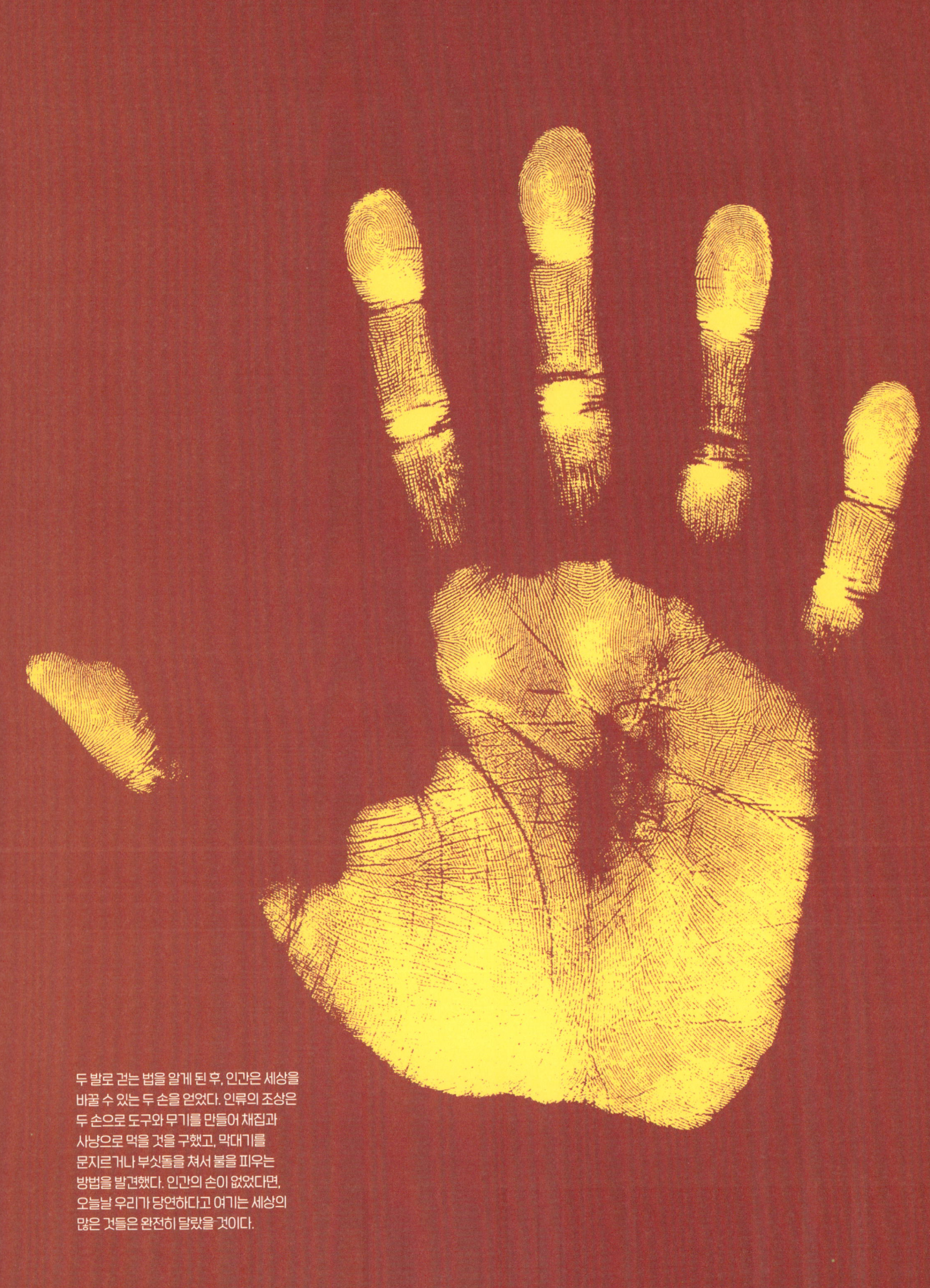

인간의 삶과 문화

크리스토퍼 로이드

'인간이 된다는 것'은 무슨 뜻일까요? 인류의 이야기는 수백만 년 전 두 발로 걷기 시작한 우리의 여러 조상을 두루 일컫는 '호미닌'에서부터 시작해요. 이 독특한 생명체는 환경에 잘 적응했어요. 손을 이용해 도구를 고안하고, 불을 피우고, 무기를 만들었어요. 1만 년 전, 여러 조상 가운데 호모 사피엔스만 살아남았어요. 호모 사피엔스는 농사를 지어 얻은 곡식과 골짜기에서 주운 보석을 바꾸고, 양털을 주고 항아리를 받고, 동물의 가죽으로 바퀴 달린 수레를 마련했어요. 화폐를 발명하면서 그런 일을 하기가 더 편해졌어요.

인간은 저마다 독특한 문화를 만들어내었어요. 사람들이 모여 사는 세상의 모습도 문화에 따라 차츰차츰 바뀌었어요. 문명이 발달하면서 세상의 모습도 나날이 새롭게 달라졌어요. 우리는 문학, 미술, 음악, 춤, 영상과 인터넷을 통해 생각을 나누어요. 전쟁으로 서로를 죽이기도 하지만, 스포츠와 게임, 기발한 발명과 험난한 탐험, 멋지고 아름다운 옷을 통해 평화적으로 교류하기도 해요. 정부를 만들어서 함께 지켜야 할 규칙을 세우고, 잔치를 열어서 기쁜 일을 기념하고, 여러 사정으로 세상을 떠난 이들을 애도해요. 두 발로 서서 걷는 것보다 더 인간을 인간답게 구분해 주는 것은 바로 이런 복합적인 문화랍니다.

인간이 되다

'사람'과 '인간'은 거의 같은 뜻의 말이다. '사람'은 넓은 뜻으로 두루 쓰이며, '인간'은 언어를 사용하고 생각을 하며, 도구를 만들어 쓰고, 함께 모여서 사회를 이루어 살아 동물과 다르다는 점을 강조할 때 주로 쓴다. 예로부터 지금까지의 모든 사람을 뜻할 때에는 '인류'라고도 한다.

사람의 모습이 언제나 지금 같지는 않았다. 수백만 년에 걸쳐 현대의 인간으로 진화하기 전에는 여러 종이 존재했다. 이 여러 종에 속한 사람들을 '호모'라고 부르고, 생물학에서는 '사람속'으로 분류한다. 오랜 시간이 흐르면서 사람의 몸은 여러 다른 환경에 맞도록 적응하고 바뀌었다. 지금 사람의 뇌는 최초 조상들의 거의 3배 크기이다.

사실은!
인간의 조상들은 소름 덕분에 따뜻하게 지낼 수 있었다.
추워지면 소름이 돋고 피부의 털이 곤두선다. 털이 곤두서면 공기를 가두어 피부를 따뜻하게 유지할 수 있기 때문이다. 우리 조상들은 우리보다 훨씬 털북숭이였기 때문에 추워지면 온 몸의 털이 곤두서서 몸을 따뜻하게 했다. 오늘날에는 몸의 털이 거의 없어졌지만 춥거나 무서우면 여전히 소름이 돋는다.

인간의 친척들
오늘날에는 사람속 호모 사피엔스라고 하는 현대 인간 딱 한 종만 존재한다. 어떤 종이 어떤 종의 직접적인 조상이었는지에 대해 과학자들의 생각이 모두 같지는 않다. 사람속에 속하는 종들은 아주 가까운 친척들이었을 것이다. 이 그림에는 오른쪽부터 왼쪽으로 진화한 순서대로 나와 있다.

네안데르탈인은 현대 인간보다 키가 작았지만 뇌 크기는 비슷했다.

현대 인간은 특이하게 이마가 평평하고 높다.

호모 에렉투스는 '바로 선 사람'이라는 뜻이다. 아프리카와 아시아에 살았다.

네안데르탈인
20만 년 전에 나타난 네안데르탈인은 우리와 가장 가깝고 명확한 친척이다. 네안데르탈인은 옷을 만들어 입었고 도구를 사용했다.

호모 사피엔스
모든 인간은 호모 사피엔스 종에 속하는데, 아프리카에서 31만 5000년 전에 처음 나타났다. 호모 사피엔스는 '슬기로운 사람'이라는 뜻이다.

호모 에렉투스
190만 년 전쯤 나타났다. 호모 에렉투스는 우리의 가까운 조상 가운데 처음으로 불을 피우고 뜻대로 활용하는 법을 알았을 것이다.

호모 하빌리스
아프리카에서 240만 년 전에 나타나 150만 년 전까지 살았다. 우리와 같은 손과 발을 가졌고, 다른 초기 조상들과도 살았던 시기가 겹쳤을 것이다.

오스트랄로피테쿠스 아파렌시스
에티오피아에서 오스트랄로피테쿠스 아파렌시스의 화석 400여 구가 발견되었다. 380만 년 전에서 290만 년 전에 살았던 것으로 보인다.

도움말 주신 전문가: 존 래퍼티 함께 보아요: 화석, 2권 30~33쪽; 생물의 기원, 4권 6~7쪽; 진화의 과정, 4권 8~9쪽; 생물의 분류, 4권 10~11쪽; 사람의 몸, 5권 8~9쪽; 뇌, 5권 12~13쪽; 멸종 위기에 놓인 동물들, 8권 36~37쪽

두 발로 걷는다는 것

우리는 영장류 가운데에서 유일하게 항상 두 발로 걷거나 뛴다. 이것을 '두 발 걷기'라고 한다. 과학자들은 사람속에 속한 종들이 두 발로 걷도록 진화한 이유를 아직 확실히 알지 못한다. 2009년에 100미터를 9.58초라는 세계 신기록으로 주파한 우사인 볼트도 몇몇 네발짐승보다는 빠르지 않다.

인간은 몇 살?

지구는 46억 살이다. 두 발로 걷는 최초의 조상은 600만 년 전쯤에 나타났지만, 호모 사피엔스는 약 31만 5000년 전에 아프리카에서 처음 출현했다. 복잡한 언어, 예술, 기술이 발전한 것은 겨우 10만 년밖에 되지 않았다.

- 루시의 뇌 크기는 지금 사람들 뇌의 3분의 1 정도였다.
- 루시의 턱은 크고 튀어나와 있었다.

루시는 누구일까?

1974년 에티오피아에서 320만 년 전 사람의 뼈가 발견되었다. 학자들은 이 뼈의 주인을 '루시'라고 부르기로 했다. 루시는 인류의 먼 조상인 오스트랄로피테쿠스 아파렌시스에 속한다. 원숭이처럼 긴 팔과 짧은 다리를 가지고 있었지만 골반은 사람과 같았고, 지금 사람들처럼 두 다리로 걸었다.

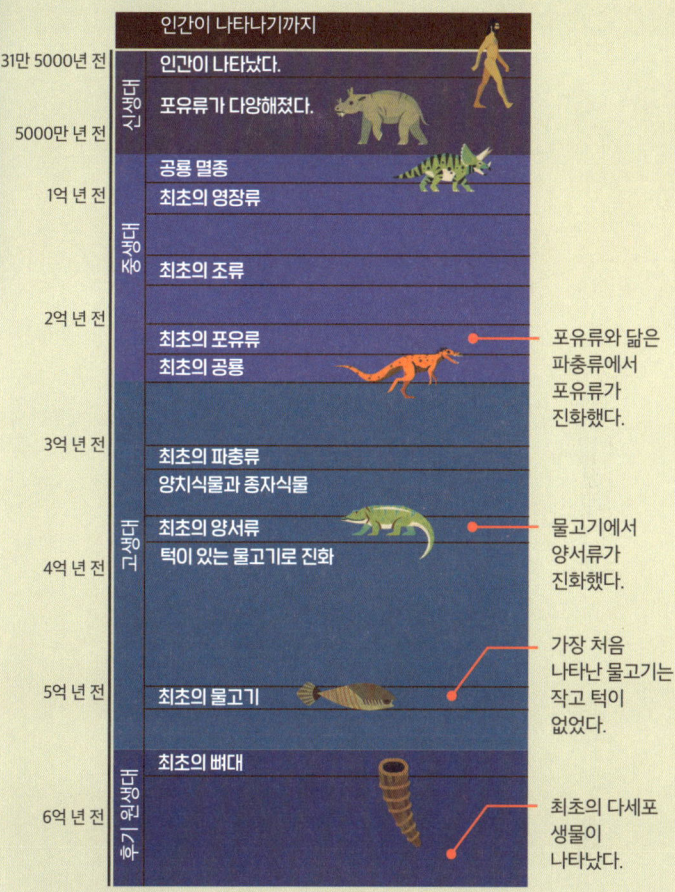

31만 5000년 전	인간이 나타나기까지	
	인간이 나타났다.	
	포유류가 다양해졌다.	
5000만 년 전		
1억 년 전	공룡 멸종	
	최초의 영장류	
	최초의 조류	
2억 년 전		
	최초의 포유류	포유류와 닮은 파충류에서 포유류가 진화했다.
	최초의 공룡	
3억 년 전		
	최초의 파충류	
	양치식물과 종자식물	
4억 년 전	최초의 양서류	물고기에서 양서류가 진화했다.
	턱이 있는 물고기로 진화	
5억 년 전	최초의 물고기	가장 처음 나타난 물고기는 작고 턱이 없었다.
6억 년 전	최초의 뼈대	최초의 다세포 생물이 나타났다.

밝혀지지 않은 이야기

우리의 공통 조상은 누구일까?

인간과 침팬지는 같은 조상의 후예이지만 정확한 조상에 대해서는 아직 밝혀지지 않았다. 과학자들은 인간이 다른 유인원과 별도로 진화했다는 것만 알고 있다. 이것은 적어도 600만 년 전에 일어난 일이다.

불과 번개

영장류가 불을 피우는 법을 알게 된 것은 140만 년 전 무렵이었다. 그전에는 아마도 번개를 맞아 저절로 일어난 불에 의존했을 것이다. 사람속에 속한 영장류 가운데 몇몇이 불을 피우고 자유롭게 사용하는 법을 알았다. 불로 먹잇감을 익혀서 먹게 되었고, 추위를 피할 수 있게 되었으며, 사나운 동물을 물리칠 수도 있게 되었다.

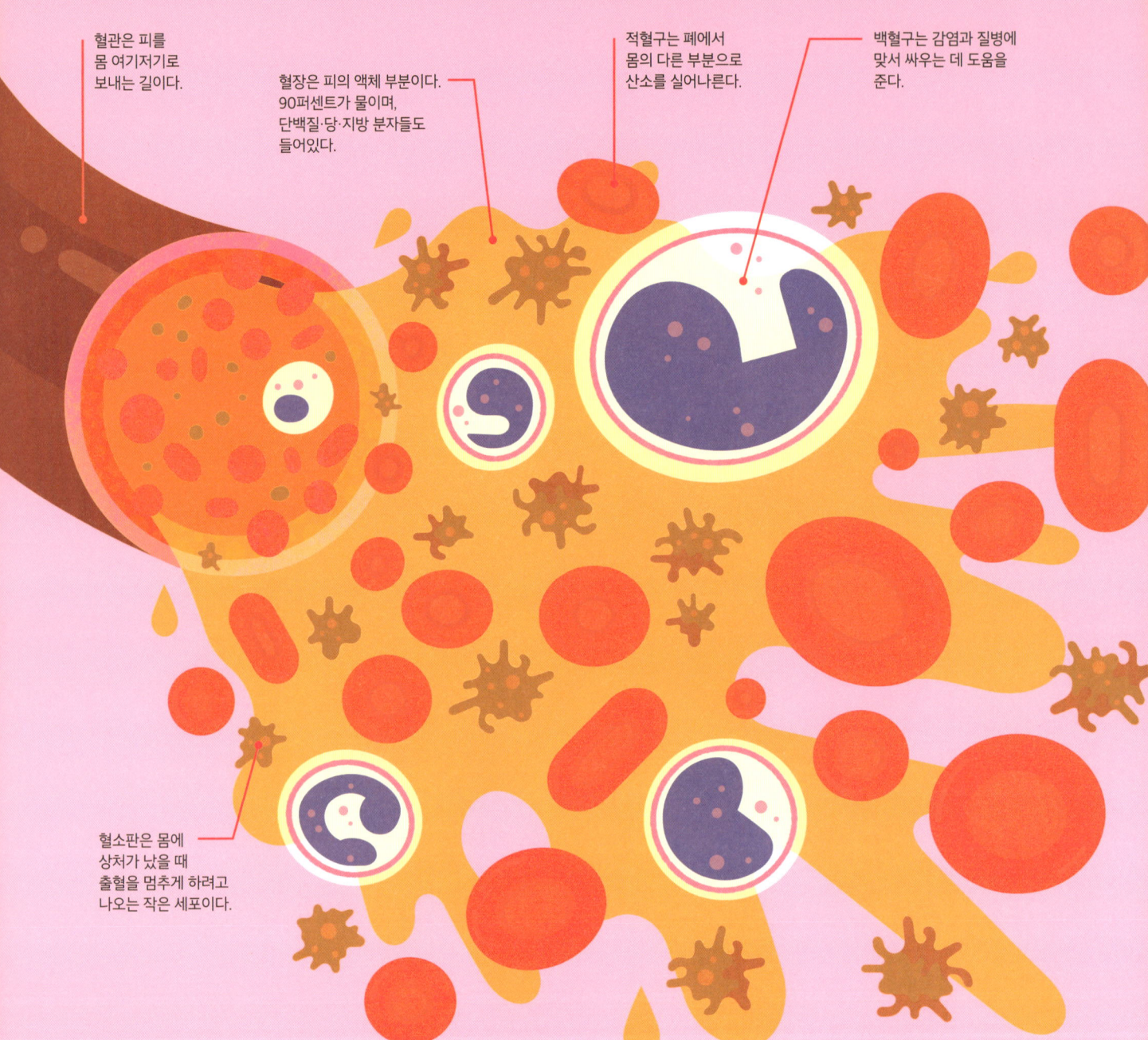

혈관은 피를 몸 여기저기로 보내는 길이다.

혈장은 피의 액체 부분이다. 90퍼센트가 물이며, 단백질·당·지방 분자들도 들어있다.

적혈구는 폐에서 몸의 다른 부분으로 산소를 실어나른다.

백혈구는 감염과 질병에 맞서 싸우는 데 도움을 준다.

혈소판은 몸에 상처가 났을 때 출혈을 멈추게 하려고 나오는 작은 세포이다.

사람의 몸

우리의 몸은 30조 개가 넘는 세포들로 이루어진 놀라운 유기체이다. 우리 몸의 60퍼센트는 물이지만 단백질, 탄수화물, 다른 유기 화합물들도 들어있다. 세포들은 피부와 같은 상피 조직, 움직이는 데 사용하는 근육 조직, 뼈대나 피와 같은 결합 조직, 감각을 느끼게 하는 신경 조직과 같이 중요한 4가지 조직을 구성한다. 조직은 몸 속의 많은 기관을 이룬다. 기관들은 큰 계통 안에서 함께 협력하여 인간이 생각하고, 움직이고, 음식을 소화하고, 더 많은 일을 할 수 있게 해준다.

피와 세포

모든 생물은 세포로 이루어진다. 세포는 자라고 분열하며 모양과 크기가 각각 다르다. 모든 세포는 저마다 목적이 있다. 혈구 세포는 골수에서 나온다. 골수는 뼈 안에 들어있는 조직으로, 피 속에 들어있는 적혈구·백혈구·혈소판을 만들어낸다. 피를 '혈액'이라고도 하는데, 혈액은 산소와 단백질, 탄수화물과 같은 영양분을 온 몸의 세포로 실어나른다. 혈액은 또 세포에 남아 있는 이산화 탄소와 같은 노폐물을 없애주기도 한다.

도움말 주신 전문가: 카라 로저스 **함께 보아요:** DNA와 유전학, 5권 10~11쪽; 뇌, 5권 12~13쪽; 감각, 5권 16~17쪽; 의학의 발전, 7권 26~27쪽

몸의 여러 계통

사람의 몸에는 기관들이 모여 이룬 계통이 여러 개 있다. 건강을 유지하고 활동을 하기 위해서 여러 계통이 서로 협력한다.

1. 골격 계통 뼈와 연골은 몸의 구조를 이룬다. 몸을 지지하고 중요한 기관들을 보호한다. 뼈에 들어있는 골수는 혈구 세포를 만든다.

2. 근육 계통 근육은 뼈와 기관에 붙어 몸의 형태를 이루고 몸을 움직일 수 있게 해준다. 근육은 체온을 건강하게 유지하는 데 도움을 준다.

3. 호흡 계통 우리가 숨을 쉴 때, 코와 입으로 들어온 공기가 폐로 간다. 혈액은 폐에서 산소를 받아 몸의 세포들에 전해주고, 노폐물인 이산화 탄소를 받아 폐로 보낸다. 폐에서 나온 이산화 탄소는 코와 입을 통해 밖으로 나온다.

4. 순환 계통 혈액은 계속 몸 속에서 흐른다. 심장은 1분에 보통 72번 뛰면서 동맥을 통해 아주 작은 모세 혈관까지 피를 보내고, 정맥을 통해 피를 받는다.

5. 소화 계통 음식을 먹으면 위와 장에서 음식을 아주 잘게 분해해 몸이 건강을 유지하는 데 쓰이는 영양분으로 만들어 흡수한다.

6. 신경 계통 감각 기관인 눈과 귀, 피부에서 자극을 받으면 신경을 통해 뇌로 보내고, 뇌에서는 받은 신호를 종합해서 움직이라는 신호를 보낸다.

밝혀지지 않은 이야기

내 몸엔 뼈가 몇 개나 있을까?

어른은 평균 206개의 뼈를 가지고 있지만 모든 사람이 다 같은 개수의 뼈를 가진 것은 아니다. 아기들은 뼈가 아직 결합 되지 않아서 뼈가 평균 270개나 된다. 이 숫자는 종자뼈라고 하는, 사람마다 개수와 크기가 다른 작은 뼈는 제외한 것이다.

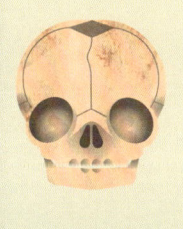

세상을 바꾼 인물

살레르노의 트로타
이탈리아의 의사, 12세기

여성 질병을 치료하기 위한 의학서를 썼다고 알려진 이탈리아의 여성으로, 훗날 프랑스와 영국에서 유명해졌다. 트로타가 쓴 책은 이탈리아 살레르노에서 출판된 여성 의학에 관한 책인 <트로툴라> 3권 가운데 1권이 되었다. 19세기 후반에서 20세기 초반까지 사람들은 그 3권을 모두 남자가 썼을 것이라고 생각했지만, 역사 학자들은 후에 <트로툴라> 가운데 일부가 트로타가 쓴 책에서 나왔다는 것을 밝혀냈다.

펴고 구부리고 돌리고

사람의 골격은 몸을 지지해 주고 기관들을 보호하는 뼈로 이루어져 있다. 뼈는 근육과 함께 일하여 몸이 움직일 수 있도록 해준다. 골격은 무기질, 단백질인 콜라겐 섬유, 지방으로 구성되어 있다. 관절은 뼈가 서로 가깝게 만나는 곳이다. 사람 몸에 있는 관절은 5가지로 나눌 수 있다.

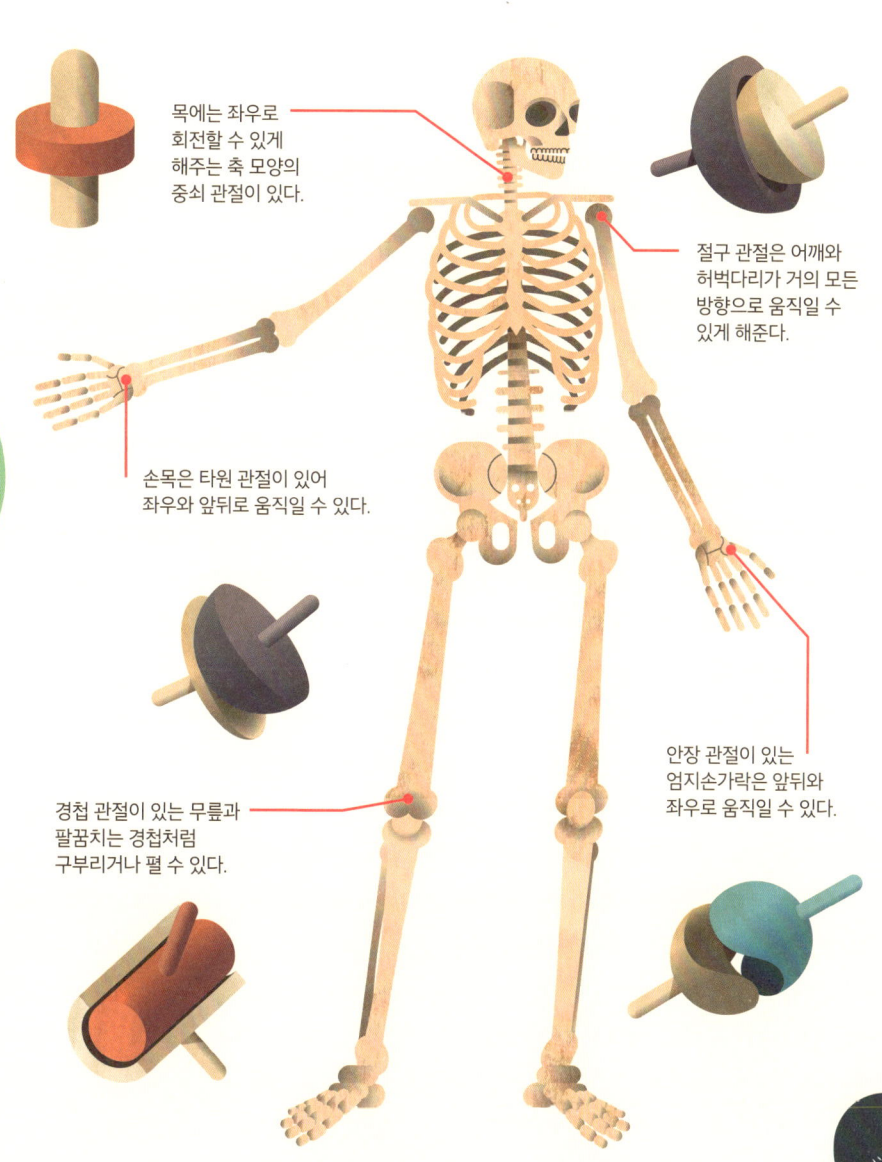

목에는 좌우로 회전할 수 있게 해주는 축 모양의 중쇠 관절이 있다.

절구 관절은 어깨와 허벅다리가 거의 모든 방향으로 움직일 수 있게 해준다.

손목은 타원 관절이 있어 좌우와 앞뒤로 움직일 수 있다.

안장 관절이 있는 엄지손가락은 앞뒤와 좌우로 움직일 수 있다.

경첩 관절이 있는 무릎과 팔꿈치는 경첩처럼 구부리거나 펼 수 있다.

DNA와 유전학

사람은 왜 모두 서로 다를까? 가족끼리 서로 닮은 이유는 무엇일까? 답은 모두 유전자에 있다. 유전자는 DNA라고 하는 화학 물질 가닥을 통해 전달되는 정보라고 할 수 있다. DNA에는 우리가 어떻게 생겼는지, 몸은 어떻게 움직이는지와 같은 모든 정보가 담겨 있다. 정보가 DNA에 담기는 방식은 사람마다 조금씩 다르다. 유전학은 유전자를 연구하는 학문이다. 유전자가 어떻게 한 세대에서 다음 세대로 전해지는지, 유전자들이 어떻게 함께 일해서 우리를 우리로 만드는지에 대해서 연구한다.

DNA는 '이중 나선' 모양이다.

DNA의 두 가닥은 가로대로 연결되어 있다.

DNA의 두 가닥 사이에 있는 가로대는 화학 물질인 염기로 되어 있다. 염기는 아데닌, 티민, 구아닌, 시토신의 4가지이다.

염기는 함께 쌍을 이루는 것들끼리 퍼즐처럼 맞는다. 아데닌은 티민과, 구아닌은 시토신과 결합된다.

사람의 DNA

사람의 몸을 구성하는 세포에는 자루같이 생긴 핵이 있다. 핵 안에는 작은 실 같은 구조들이 있는데 이것이 염색체이다. 각 세포에는 보통 염색체 23쌍이 들어있는데, 한 쌍은 아버지에게서, 한 쌍은 어머니에게서 받은 것이다. 염색체는 DNA라고 하는 화학 물질로 이루어져 있다. 염색체는 매우 길지만, DNA 가닥은 매우 가늘기 때문에 현미경으로 봐야 보인다. DNA는 유전자를 담고 있고, 유전자는 몸을 구성하는 세포를 만들고 유지하기 위해 필요한 정보를 담고 있다. 인간의 몸에 있는 유전자는 2만~2만 5000개이다.

도움말 주신 전문가: 애비게일 페레스틴 **함께 보아요:** 인간이 되다, 5권 6~7쪽; 사람의 몸, 5권 8~9쪽; 범죄와 법, 5권 38~39쪽; 의학의 발전, 7권 26~27쪽; 의료 기술, 8권 28~29쪽; 미래의 인간, 8권 48~49쪽

가족의 특성

뾰족한 코, 곱슬머리, 짙은 갈색 눈동자 같은 것은 어디서 오는 것일까? 아이들은 부모에게서 여러 유전자를 물려받지만, 똑같이 닮지도 않는다. 닮는 정도는 유전자가 몸 속에서 어떻게 작동하는지, 어떤 특징이 있는지에 따라 달라진다. 코 끝과 코 바로 아랫부분의 모양은 얼굴의 다른 부분보다 더 많이 닮는다.

사실은!

껌 조각에서 5700년 전 DNA를 발견했다!
5700년 전 신석기 시대 사람이 껌처럼 씹고 버린 자작나무 송진 덩어리가 덴마크의 습지에서 발견되었다. 송진 덩어리에는 사람의 DNA가 남아 있었다. 과학자들은 DNA를 해독해서 찾아낸 유전자의 특징들을 화가에게 알려주어 껌을 씹었던 사람을 그렸고, '롤라'라고 부르기로 했다. 뼈나 치아가 아닌 다른 것에서 온전하게 DNA를 추출한 경우는 이 껌이 처음이었다.

돌연변이와 눈의 색깔

인간의 DNA는 99.9퍼센트가 같지만 모든 사람은 서로 다르게 생겼다. 서로 다른 까닭은 유전자의 중요한 부분에 일어나는 아주 작은 변화 때문인데, 이것을 '돌연변이'라고 한다. 새로운 유전자에 나타난 돌연변이를 '대립 형질'이라고 한다. 대립 형질의 절반은 어머니에게서, 절반은 아버지에게서 온다. 대립 형질의 독특한 조합이 생김새를 결정한다. 눈의 색깔은 주로 유전자 2개에서 나오는데, 하나는 눈을 노랗게 만들고 하나는 빨갛게 만든다. 두 유전자가 강하게 작용하지 않으면 푸른 눈을 갖게 된다. 빨간색 유전자가 강하고 노란색 유전자가 약하면 녹갈색 눈이 된다.

전문가의 한마디!

애비게일 페레스틴
유전학자

애비게일 페레스틴은 현미경으로만 볼 수 있는 아주 작은 동물들의 뇌의 발달에 관해 연구한다. 작은 동물의 뇌를 발달시키는 유전자가 인간의 뇌도 발달시킬 수 있기 때문이다! 모든 동물의 뇌 발달에 대해 잘 알게 될수록 인간의 뇌에 일어나는 장애를 잘 치료할 수 있을 것이다.

" 유전자 암호는 우리 각각을 서로 다르게 하면서, 동시에 여느 사람과 다름없는 한 사람으로 성장하게 합니다. "

범죄 사건을 해결하다

사람 손가락에 있는 지문은 사람마다 모두 다르기 때문에 범죄를 저지른 사람이 누구인지 알아내는 데 매우 쓸모가 있다. 범인이 만진 물건에 범인의 피부 세포가 묻어 있을 수도 있는데, 법의학자들은 이 피부 세포에 남아 있는 범인의 '접촉 DNA'를 범죄 현장에서 채취해 복원할 수 있다. 지문이나 접촉 DNA로 범인의 유전자 전체를 만들어내어 용의자들의 DNA와 대조하는 것이다.

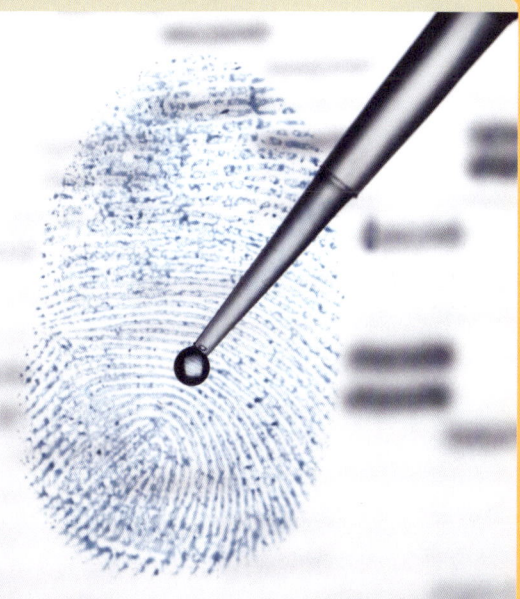

뇌

뇌는 몸의 통제 센터이다. 메시지를 받아 보내며 사람이 숨을 쉬고, 움직이고, 말하고 배울 수 있게 해준다. 무게는 1.5킬로그램 정도이고 2개의 '반구'로 이루어져 있다. 오른쪽 반구인 우뇌는 몸의 왼쪽을 통제한다. 왼쪽 반구인 좌뇌는 몸의 오른쪽을 통제한다. 사람은 항상 양쪽 뇌를 다 쓴다. 자는 동안에도 그렇다.

뇌의 주요 부분

뇌에는 3가지 주요 부분이 있는데, 바로 대뇌·소뇌·뇌간이다. 대뇌에는 전두엽·측두엽·두정엽·후두엽이 있으며 각각 몸의 다른 기능들을 책임진다. 뇌의 신경들은 감각 기관과 몸의 다른 부분들과의 사이에서 신호를 주고받는 세포이다. 신경은 척추 속에 들어있는 긴 신경 다발인 척수를 통해 이동한다.

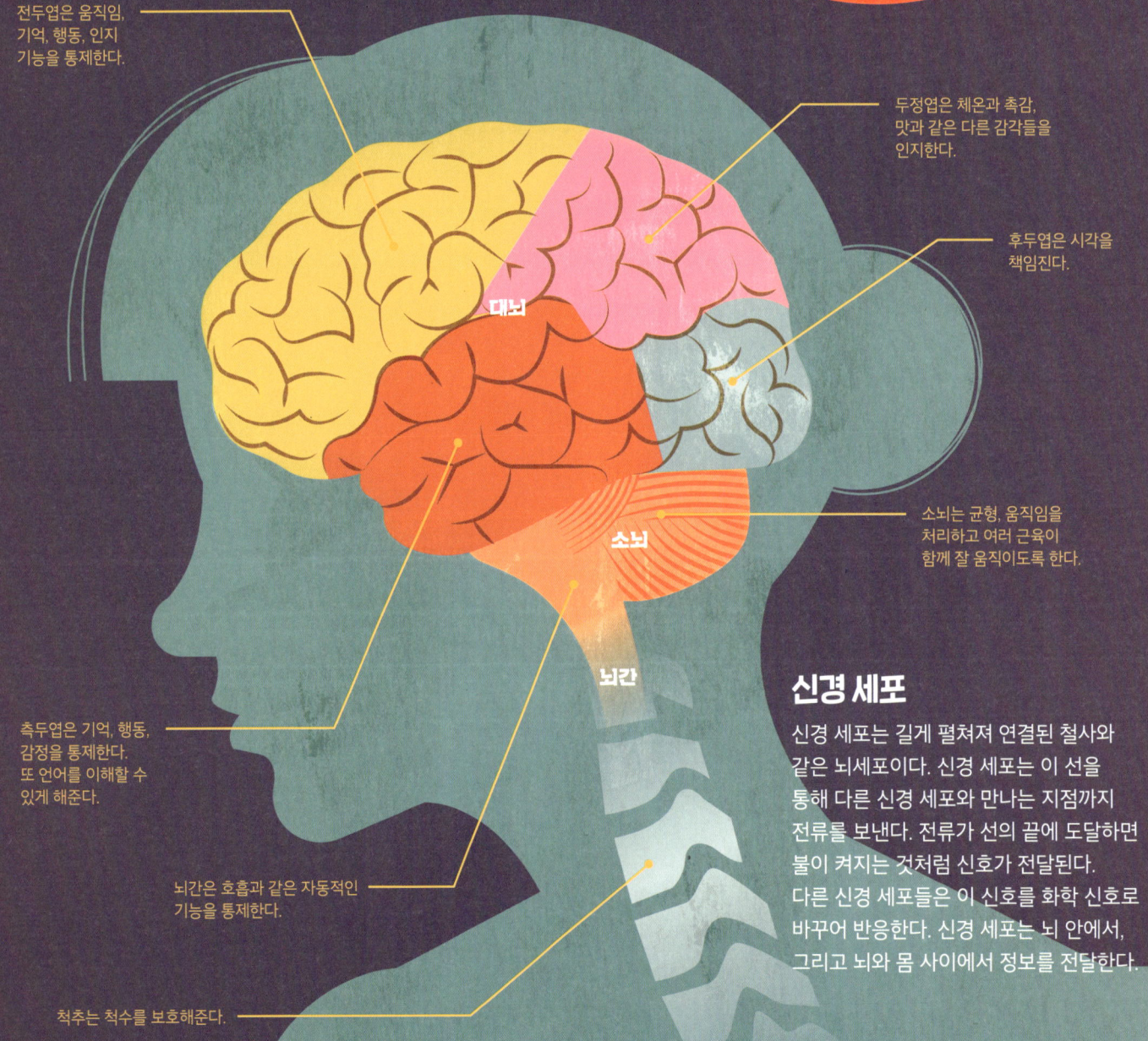

- 전두엽은 움직임, 기억, 행동, 인지 기능을 통제한다.
- 두정엽은 체온과 촉감, 맛과 같은 다른 감각들을 인지한다.
- 후두엽은 시각을 책임진다.
- 소뇌는 균형, 움직임을 처리하고 여러 근육이 함께 잘 움직이도록 한다.
- 측두엽은 기억, 행동, 감정을 통제한다. 또 언어를 이해할 수 있게 해준다.
- 뇌간은 호흡과 같은 자동적인 기능을 통제한다.
- 척추는 척수를 보호해준다.

신경 세포

신경 세포는 길게 펼쳐져 연결된 철사와 같은 뇌세포이다. 신경 세포는 이 선을 통해 다른 신경 세포와 만나는 지점까지 전류를 보낸다. 전류가 선의 끝에 도달하면 불이 켜지는 것처럼 신호가 전달된다. 다른 신경 세포들은 이 신호를 화학 신호로 바꾸어 반응한다. 신경 세포는 뇌 안에서, 그리고 뇌와 몸 사이에서 정보를 전달한다.

도움말 주신 전문가: 애비게일 페레스틴 **함께 보아요:** 인간이 되다, 5권 6~7쪽; 사람의 몸, 5권 8~9쪽; 감정, 5권 14~15쪽; 감각, 5권 16~17쪽; 스마트 기술과 인공 지능, 8권 30~31쪽; 미래의 인간, 8권 48~49쪽

뇌파의 종류

뇌파는 신경 세포를 통해 전달되는 전류의 파동을 말한다. 뇌파를 탐지할 때는 미세한 전류의 흐름을 잡아내는 매우 섬세한 도구를 사용한다.
뇌파는 신경 세포들이 얼마나 활발하게 움직이는지를 알려준다. 뇌파의 모양은 우리가 무엇을 하고 있는지, 무엇을 느끼고 있는지에 따라 다르다.

1. 델타파 잠들어 있을 때 나오는 가장 느린 뇌파이다.

2. 세타파 점점 잠에 빠져들 때와 같이 뇌의 긴장이 상당히 풀어졌을 때 나오는 매우 느린 뇌파이다.

3. 알파파 몸과 마음이 편안하게 안정을 취하고 있을 때 나오는 크고 느린 뇌파이다.

4. 베타파 말을 할 때처럼 뇌가 민첩하고 활동적일 때 나오는 작고 빠른 뇌파이다.

5. 감마파 어려운 문제를 풀 때처럼 활발히 생각할 때 나오는 가장 빠른 뇌파이다.

반사 행동

반사 행동은 우리가 미처 생각하고 있지 않았던 행동을 몸이 자동으로 하는 것으로, 몸을 다치지 않도록 보호해준다. 뜨거운 불꽃에 손이 닿았을 때 놀라서 자기도 모르게 손을 급히 떼는 것과 같은 행동이다. 손에서 보낸 신호가 척수를 거쳐 뇌에 도착해 뜨겁다고 알려주기 전에, 반사 행동 덕분에 손을 바로 치워서 뜨거운 불에 데지 않을 수 있다.

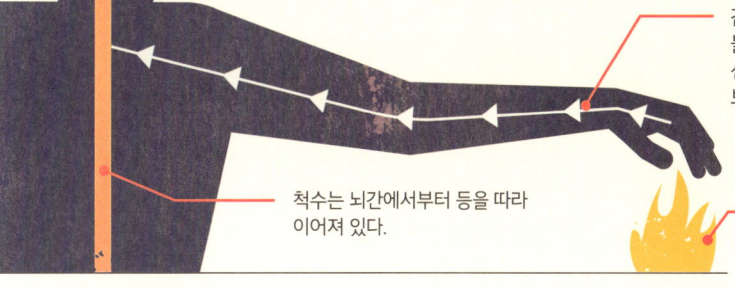

감각 신경 세포가 불이 뜨겁다는 신호를 척수로 보낸다.

척수는 뇌간에서부터 등을 따라 이어져 있다.

뜨거운 불꽃

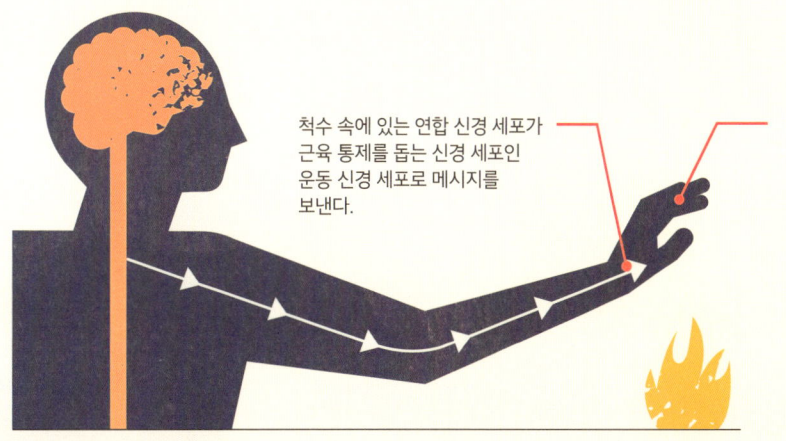

척수 속에 있는 연합 신경 세포가 근육 통제를 돕는 신경 세포인 운동 신경 세포로 메시지를 보낸다.

손이 물러난다.

뇌를 속여라

마술사들은 감각의 착각을 일으키는 허상을 만들어내어 사람들의 뇌를 속인다. 보이는 것, 냄새, 촉감, 들리는 소리가 모두 한몫한다. 예를 들어 뇌가 어떤 하나에 집중하느라 다른 것을 못 보게 하면 마술에 쓴 대상, 예를 들어 토끼 같은 것이 사라진 것처럼 보인다. 아니면 뇌가 계속 보고 있을 수도 있지만 거기 없는 것처럼 인식한다. 이와 같은 속임수는 신경학자들이 뇌가 어떻게 작용하는지 알아내는 데 도움이 될 수 있다.

밝혀지지 않은 이야기
꿈은 왜 꿀까?

과학자들은 지금도 사람이 꿈을 꾸는 이유를 알아내려고 연구하고 있다. 자고 꿈을 꾸는 동안에 뇌에서 일어나는 전기적인 활동을 관찰하는 기계를 이용한다. 대뇌 아래에 있는 변연계는 감정과 기억을 조절하는 기능을 담당하는데, 과학자들은 꿈꾸는 동안에 변연계가 매우 활발하게 활동한다는 것을 알아냈다. 어떤 꿈을 꿀 것인지에 대해서는 대뇌의 바깥층 일부에서 결정한다.

감정

기쁨·슬픔·두려움 같은 것이 감정이다. 우리는 아주 많은 감정을 경험한다. 감정으로 주변 세상에 대해 반응하는 것이다. 뇌 속에는 변연계라고 하는 감정 통제 센터가 있다. 변연계는 몇 가지 부분으로 이루어져 있다. 해마는 어떤 것을 기억하고 배우는 데 도움을 준다. 편도체는 아몬드 모양인데 분노와 같은 감정을 조절하는 것을 돕는다. 크기가 작은 시상하부는 두려울 때 소름이 돋게 하는 식으로 감정에 반응하는 방법을 통제한다.

몸과 마음

감정은 우리 몸이 여러 다른 방식으로 반응하도록 한다. 흥분하거나 무서우면 심장이 더 빨리 뛴다. 슬프거나 화가 났을 때는 물론, 행복할 때도 눈물이 난다. 얼굴의 표정도 감정을 보여준다. 과학자들은 우리가 모두 느끼는 7가지 감정이 세계의 어느 문화에서든 비슷한 표정을 만들어내는 것을 알게 되었다. 7가지 감정은 행복, 슬픔, 미움, 분노, 두려움, 놀람, 경멸이다.

도움말 주신 전문가: 카라 로저스 함께 보아요: 사람의 몸, 5권 8~9쪽; 뇌, 5권 12~13쪽; 감각, 5권 16~17쪽

싸울래, 도망갈래?

뇌는 자동 안전 장치를 가지고 있다. 무엇인가 두려워지면 편도체가 시상하부에 경고 신호를 보낸다. 시상하부는 콩팥 바로 위에 있는 부신에 아드레날린이라고 하는 신경 전달 물질을 내보내라고 지시한다. 아드레날린이 나오면 심장 박동이 빨라지고 폐는 산소로 가득찬다. 이것을 '투쟁-도피 반응'이라고 한다. 이제 그 무서운 것과 맞서 싸울 것인지, 아니면 도망칠 것인지만 결정하면 된다!

어떤 화학 물질이 나오고 있나?

운동을 하거나, 가족·친구와 함께 시간을 보낼 때면 기분이 좋아지곤 한다. 우리가 그런 일을 할 때 뇌가 특정한 감정과 행동을 만들어내는 화학 물질을 보내주기 때문인데, 이 물질을 '신경 전달 물질'이라고 한다. 세로토닌은 행복을 느끼도록 해준다. 도파민은 맛있는 음식을 먹는 것처럼 좋은 일이 있을 때 이 사실을 뇌에게 알려준다. 노르에피네프린은 스트레스 처리를 돕는다.

사실은!

사람은 1만 가지가 넘는 표정을 지을 수 있다! 대부분은 다양한 감정들에 대한 반응으로 짓게 된다. 행복할 때 웃음을 짓거나 역겨운 것을 보면 코에 주름을 잡으며 찡그리는 것과 같다. 얼굴에 나타나는 표정은 1초도 안 되는 동안 지속되는 작은 움직임이다. 연구자들은 표정을 지을 때 얼굴 근육 43개를 이용한다는 사실을 알아냈다.

웃는 게 웃는 게 아닐 때

레오나르도 다 빈치의 <모나리자> 그림에 나오는 이 여인은 웃고 있는 것일까? 이 문제는 오랫동안 논란이 되어 왔다. 미소 짓는 표정은 18가지 정도가 있지만 정말로 기쁨을 나타내는 표정은 하나뿐이다. 진심으로 행복하여 순수하게 짓는 미소는 '뒤센 미소'라고 하는데, 1800년대 프랑스 신경의학자 기욤 벤자민 아망 뒤센의 이름을 따서 만든 용어이다. 이 미소를 지을 때는 가짜로 웃을 때보다 얼굴 근육을 더 많이 사용하고, 양 눈 바깥쪽에 주름이 잡힌다. 정말로 웃을 때만 이런 표정이 나온다.

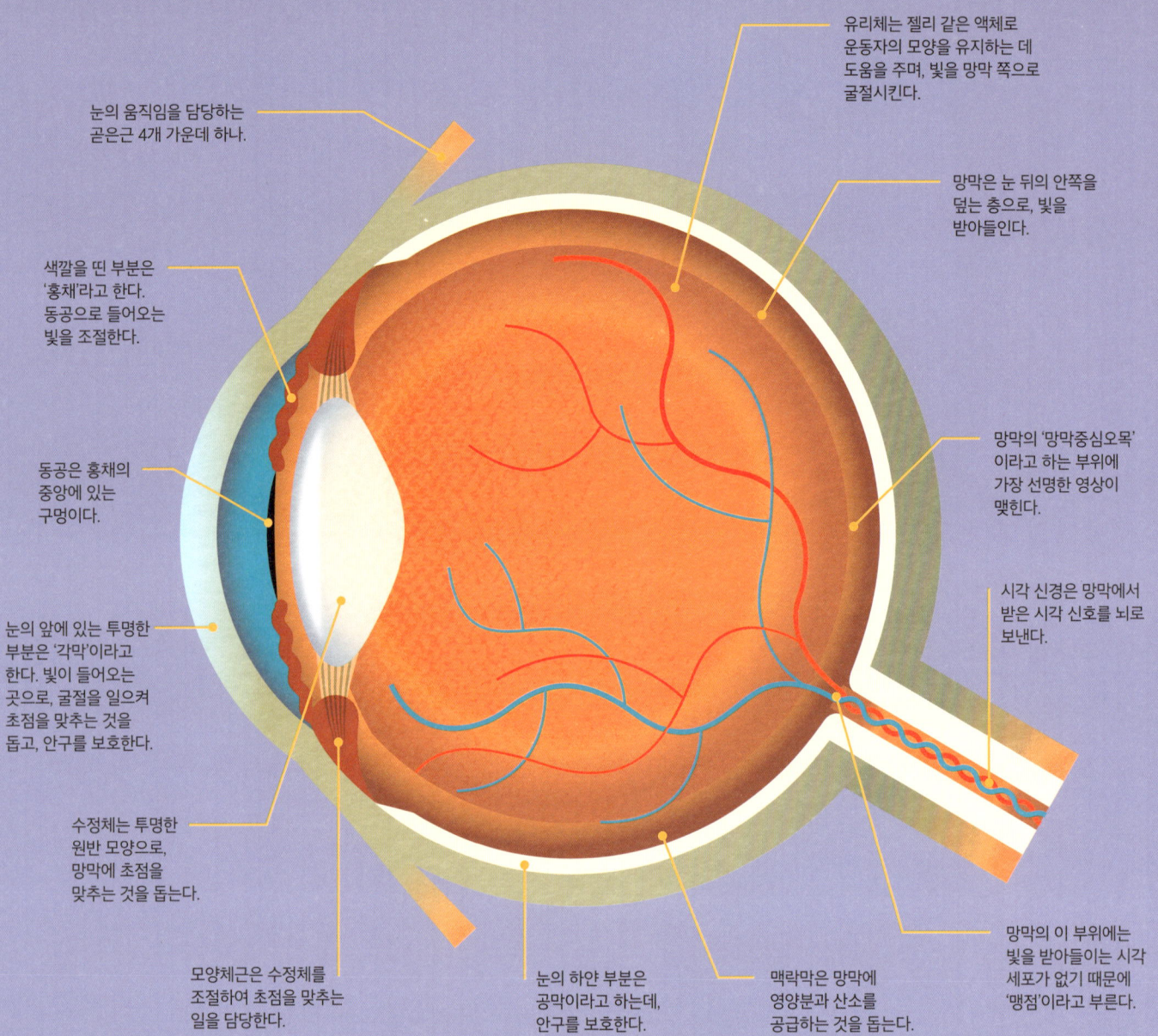

유리체는 젤리 같은 액체로 운동자의 모양을 유지하는 데 도움을 주며, 빛을 망막 쪽으로 굴절시킨다.

망막은 눈 뒤의 안쪽을 덮는 층으로, 빛을 받아들인다.

눈의 움직임을 담당하는 곧은근 4개 가운데 하나.

색깔을 띤 부분은 '홍채'라고 한다. 동공으로 들어오는 빛을 조절한다.

망막의 '망막중심오목'이라고 하는 부위에 가장 선명한 영상이 맺힌다.

동공은 홍채의 중앙에 있는 구멍이다.

시각 신경은 망막에서 받은 시각 신호를 뇌로 보낸다.

눈의 앞에 있는 투명한 부분은 '각막'이라고 한다. 빛이 들어오는 곳으로, 굴절을 일으켜 초점을 맞추는 것을 돕고, 안구를 보호한다.

수정체는 투명한 원반 모양으로, 망막에 초점을 맞추는 것을 돕는다.

망막의 이 부위에는 빛을 받아들이는 시각 세포가 없기 때문에 '맹점'이라고 부른다.

모양체근은 수정체를 조절하여 초점을 맞추는 일을 담당한다.

눈의 하얀 부분은 공막이라고 하는데, 안구를 보호한다.

맥락막은 망막에 영양분과 산소를 공급하는 것을 돕는다.

감각

시각·미각·청각·촉각·후각은 사람이 세상이나 다른 사람들을 이해하고 서로 교류하는 데 도움을 준다. 눈·귀·피부와 같은 몸의 기관에는 외부의 자극을 받아 전기 신호로 바꾸는 감각 신경 세포가 있다. 이 세포들이 정보를 뇌에 전달한다. 뇌가 정보를 해독하면 우리는 무엇을 보고 듣고 느끼고 경험하는지 알게 된다. 기본 감각 5가지 외에도, 거의 모든 동물은 동작·열기·냉기·압력·고통·균형 감각이 있다.

눈

사람의 눈은 대상을 영상으로 보고, 색깔은 1000만 가지까지 구분할 수 있는 강력한 감각 기관이다. 우리가 무엇을 본다는 것은, 대상에 반사된 빛이 눈으로 들어오는 것을 뜻한다. 빛은 눈동자를 지나 양 눈의 뒤에 있는 망막에 닿는다. 망막에서는 막대 세포와 원뿔 세포라고 하는 신경 세포 수백만 개가 빛을 전기 신호로 바꾼다. 전기 신호가 뇌로 가면, 뇌는 신호를 종합하여 우리가 보고 있는 것과 같은 영상을 만들어낸다.

도움말 주신 전문가: 카라 로저스 **함께 보아요:** 소리, 3권 30~31쪽; 빛, 3권, 34~35쪽; 사람의 몸, 5권 8~9쪽; DNA와 유전학, 5권 10~11쪽; 뇌, 5권 12~13쪽; 감정, 5권 14~15쪽; 미래의 인간, 8권 48~49쪽

혀와 맛

우리 혀에는 맛을 느끼는 감각 기관인 맛봉오리가 2000~8000개 있는데, 맛봉오리 하나에는 50~75개의 미각 세포가 있다. 미각 세포는 단맛, 짠맛, 신맛, 쓴맛, 감칠맛을 받아들여 이 정보를 뇌로 보낸다. 코는 음식의 냄새를 맡아 감각을 보태준다. 감기에 걸려서 코가 막혔을 때 음식 맛이 평소와 다르게 느껴지는 것은 이 때문이다.

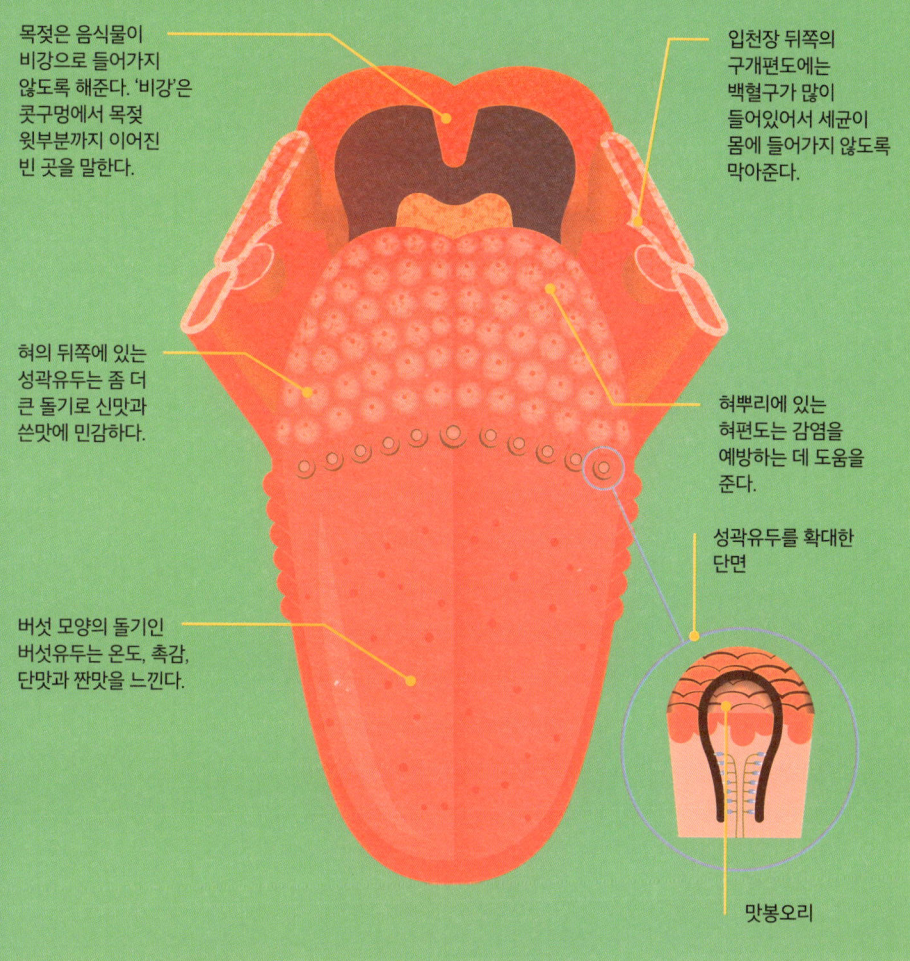

목젖은 음식물이 비강으로 들어가지 않도록 해준다. '비강'은 콧구멍에서 목젖 윗부분까지 이어진 빈 곳을 말한다.

입천장 뒤쪽의 구개편도에는 백혈구가 많이 들어있어서 세균이 몸에 들어가지 않도록 막아준다.

혀의 뒤쪽에 있는 성곽유두는 좀 더 큰 돌기로 신맛과 쓴맛에 민감하다.

혀뿌리에 있는 혀편도는 감염을 예방하는 데 도움을 준다.

성곽유두를 확대한 단면

버섯 모양의 돌기인 버섯유두는 온도, 촉감, 단맛과 짠맛을 느낀다.

맛봉오리

듣기

귀는 공기 중의 진동을 받아 가운데귀를 거쳐 속귀로 보낸다. 속귀에서는 달팽이관이 진동을 받으며, 청각 신경이 그 정보를 전기 신호로 바꾸어 뇌로 보낸다. 소리의 크기를 측정하는 단위는 데시벨인데, 120데시벨이 넘는 소리를 들으면 귀가 손상된다.

소리의 크기

- 폭죽 140~150데시벨
- 150데시벨
- 제트기가 이륙하는 소리 120데시벨
- 125데시벨
- 사이렌 115~125데시벨
- 록 콘서트 105~115데시벨
- 100데시벨
- 교통소음 85데시벨
- 75데시벨
- 일상적인 대화 55~65데시벨
- 50데시벨
- 냉장고 35~45데시벨
- 25데시벨

가장 섬세한 손길

손끝의 피부 바로 아래에는 수천 개의 촉각 세포가 있어, 손끝은 질감과 온도의 아주 작은 차이까지 느낄 수 있다. 다른 감각 세포처럼 촉각 세포도 뇌에 신호를 보낸다. 뇌는 신호를 분석하여 부드러운지 거친지, 뜨거운지 차가운지, 젖었는지 말랐는지와 같이 대상에 대한 많은 정보를 파악한다.

사실은!

사람의 코가 맡을 수 있는 냄새는 최소한 1조 가지나 된다. 냄새 입자가 포함된 공기가 우리의 콧속으로 들어온다. 콧속 위쪽에는 400가지 유형의 후각 세포들이 있어서, 냄새 정보를 감지하여 뇌에 있는 후각 망울로 보낸다. 사람은 1킬로미터 떨어진 곳에서 스컹크가 내뿜는 썩은 달걀 같은 냄새를 맡을 수 있다.

식량과 지리

언제 어디서 사는지에 따라 먹을거리가 달라진다. 전통적으로 사람들은 근처에서 잡히거나 자라는 것을 먹었다. 북극 근처에 사는 이누이트 사람들은 물고기나 바다표범, 순록을 잡아먹었다. 페루의 잉카 사람들은 감자를 재배했다. 초기 멕시코 사람들은 토마토를 키워 먹었다. 유럽의 탐험가들은 이 먹을거리들을 갖고 유럽으로 돌아갔다. 오늘날은 전 세계에서 생산한 식품을 필요한 만큼 수입해서 먹는다. 같은 식품이라도 나라와 문화에 따라 조리하는 방식이 다르다.

이누이트 사냥꾼들은 긴 창 같은 작살로 바다표범을 사냥해 식량으로 이용한다.

바다표범이 얼음 사이의 구멍으로 공기를 마시기 위해 나올 때 잡는다.

이누이트 사람들은 사냥한 동물의 모든 부위를 이용한다. 순록의 가죽으로 만든 방한복으로 추운 겨울을 따뜻하게 지낼 수 있다.

음식과 조리

사람은 물론, 모든 동물은 생명을 유지하고 성장하기 위해서 먹을거리가 필요하다. 먹을거리에서 몸이 제 기능을 하는 데 필요한 영양분을 얻기 때문이다. 아주 오래전 사람들은 야생 동물을 사냥하고 야생 식물을 채취해 먹었다. 농사를 짓게 되자 먹는 방식이 달라졌다. 함께 농사를 짓고 직접 수확한 작물에 의존하기 시작했다. 북아메리카의 초기 농부들은 콩, 옥수수, 호박을 주로 재배했고, 한반도를 비롯한 아시아에서는 주로 벼농사를 지었다. 세계의 여러 문화에서는 오랜 시간에 걸쳐 고유의 음식과 향신료의 조합을 만들어내었다.

사실은!

젤리 겉면을 윤이 나게 하는 코팅제는 곤충에서 나온 것이다. '셸락'이라고 하는 천연 물질은 인도와 태국의 나무에 사는 곤충인 락깍지벌레의 암컷이 알을 보호하기 위해 분비한 수지로 만든다. 열을 가해 녹여서 불순물을 제거하고 식혀서 얇은 조각을 만든다. 알콜에 녹이면 액체가 되는데, 젤리나 초콜릿에 발라 윤을 내거나 가구에 바르는 광택제로 사용한다.

도움말 주신 전문가: 수지 거버 **함께 보아요:** 인간이 되다, 5권 6~7쪽; 사람의 몸, 5권 8~9쪽; 무엇이든 싣고 어디로든 간다, 8권 8~9쪽; 세계를 먹이다, 8권 12~13쪽; 도시, 8권 20~21쪽; 환경 문제, 8권 32~33쪽; 미래의 도시, 8권 46~47쪽

밝혀지지 않은 이야기
사람들은 언제부터 음식을 조리하기 시작했을까?

인간이 언제부터 조리를 시작했는지는 정확히 알 수 없다. 다른 동물은 모두 날것을 먹는다. 익히면 씹기 쉽고 소화가 잘 된다. 초기 조상인 호모 에렉투스는 불을 피우고 사용하는 법을 알았지만 본격적으로 음식을 조리했다는 증거는 남아 있지 않다. 네안데르탈인과 초기의 호모 사피엔스는 불에 탄 동물 뼈를 남긴 것으로 보아 불로 음식을 조리해 먹었던 것으로 보인다.

몸에는 어떤 식품이 필요할까?

균형이 맞고 영양가 있는 식사를 위해 필요한 과일, 채소, 곡물, 고기의 비율을 이 접시로 알 수 있다. 사람은 보통 고기와 식물을 다 먹는다. 어떤 사람들은 채식주의자여서 식물만 먹기도 한다. 건강을 유지하려면 통곡물과 같이 섬유소가 많이 들어간 음식도 먹어야 한다.

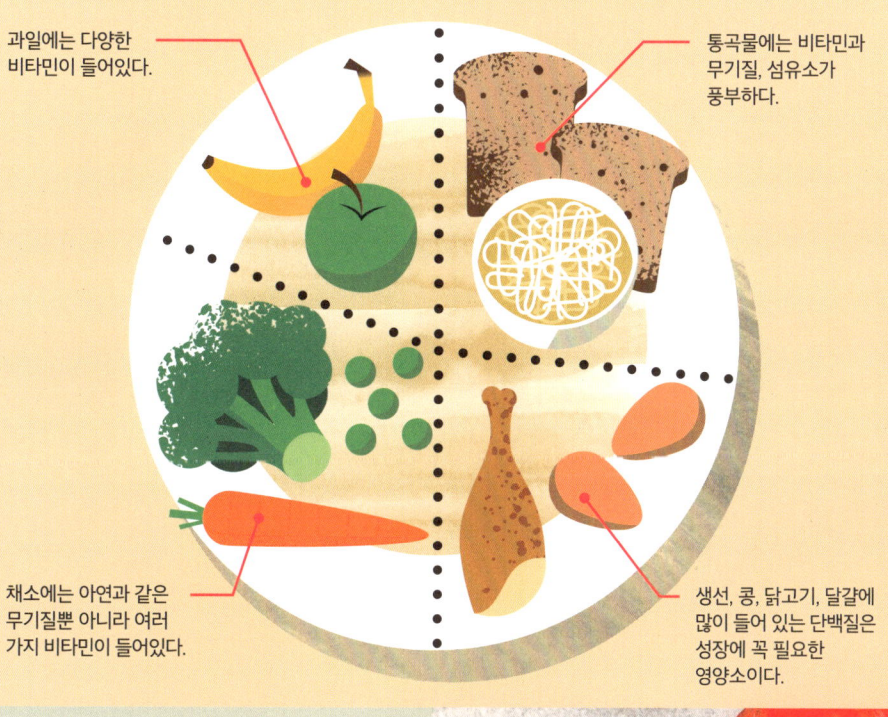

과일에는 다양한 비타민이 들어있다.

통곡물에는 비타민과 무기질, 섬유소가 풍부하다.

채소에는 아연과 같은 무기질뿐 아니라 여러 가지 비타민이 들어있다.

생선, 콩, 닭고기, 달걀에 많이 들어 있는 단백질은 성장에 꼭 필요한 영양소이다.

식품 낭비

농부들이 모양이 흉한 채소를 버려야 할 때가 있다. 아무도 사지 않을 것이기 때문이다. 전 세계에서 생산된 식량의 3분의 1이 버려지는데, 8억 2000만 명이 넘는 사람들은 굶주리고 있다. 모양이 보기 좋지 않은 식품이라도 사서 먹는 것이 식량 낭비를 멈추는 한 가지 방법이 될 수 있다.

주식

'주식'이란 사람들이 가장 많이 먹는 식품을 말한다. 옥수수, 쌀, 밀 같은 곡물이 주식이다. 5만 종이 넘는 다른 식용 식물이 있지만, 이 3가지 곡물은 전 세계 먹을거리의 절반을 넘게 차지한다. 전 세계 35억 명이 넘는 사람들은 쌀을 주식으로 삼는다. 아프리카와 아시아 일부에서는 콩, 렌틸콩, 병아리콩도 주식으로 먹는다. 감자도 주식으로 많이 먹는다.

옷과 장식

인간은 늘 옷을 입고 몸을 장식했다. 기록이 남아 있지 않은 시대를 말하는 선사 시대 사람들도 장신구를 착용하거나 몸에 물감을 칠하고, 피부에 문신을 했다. 옷과 장식은 아름답게 꾸미기 위한 목적도 있지만, 지위나 종교를 상징하기도 하고, 부자인 것을 드러내거나, 어떤 집단에 소속되어 있는 사람임을 나타내기도 한다. 최신 유행을 따르거나 자신만의 개성적인 스타일을 표현하고 싶어 하는 사람들도 많다.

사실은!

고대 로마에서는 뿔고둥이나 쇠고둥의 점액으로 보라색 염료를 만들었는데 이것은 거의 진주와 맞먹는 값이었다! 귀족들과 다른 중요한 사람들만 '티리언 퍼플'이라고 하는 보라색으로 물들인 옷을 입을 수 있었다. 뿔고둥이나 쇠고둥에서 나오는 점액을 다리거나 햇빛에 말려서 염료를 얻었는데, 25만 마리에서 나오는 염료의 양이 30그램도 되지 않았다고 한다.

나를 봐줘!

사람들은 다른 이들에게 깊은 인상을 주기 위해 특별한 옷을 입기도 한다. 미국의 래퍼 카디 비는 2019년, 패션계의 큰 행사인 뉴욕의 메트 갈라 쇼에서 거대한 빨간 드레스를 입었다. 메트 갈라 쇼와 같은 행사는 유명 인사들이 자신의 멋진 모습을 뽐내는 기회이다. 파티와 결혼식도 그런 좋은 기회이다.

도움말 주신 전문가: 프라비나 슈클라 함께 보아요: 지구의 풍요로운 자원, 2권 28~29쪽; 뇌, 5권 12~13쪽; 감정, 5권 14~15쪽; 다양한 예술, 5권 32~33쪽; 축제, 5권 46~47쪽

가발을 왕관처럼

사람들은 아주 오래전부터 가발을 사용했다. 고대 이집트 사람들은 머리를 밀고 가발을 썼다. 1500~1700년대 유럽에서는 부유한 남자들이 정교하게 만들어진 비싼 가발을 썼다. 가발이 너무 높은 바람에 손이 닿질 않아서 하인이 긴 막대기로 모양을 바로 잡아주고 있는 모습과 같이, 가발의 지나친 유행은 풍자의 대상이 되기도 했다.

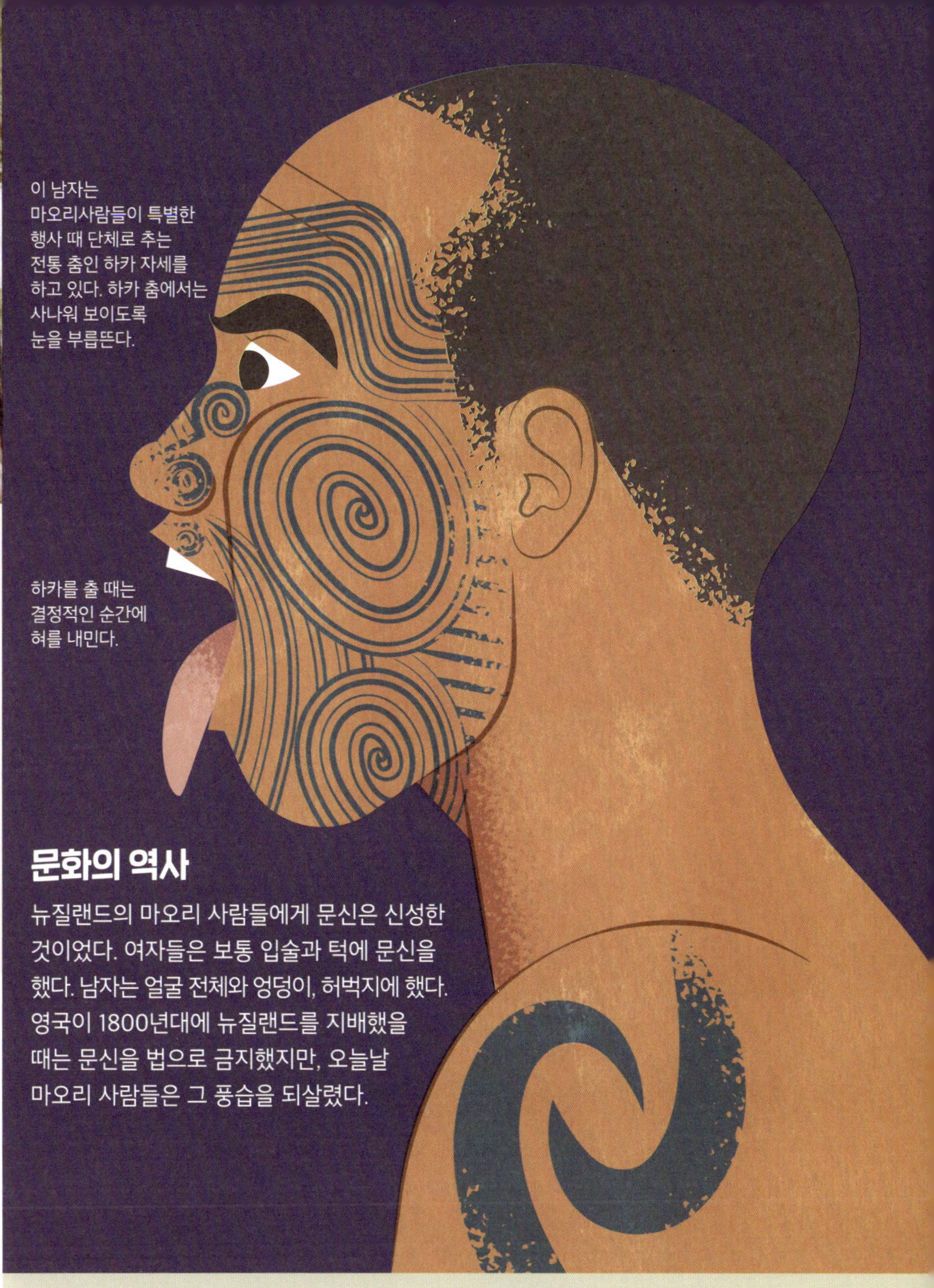

이 남자는 마오리사람들이 특별한 행사 때 단체로 추는 전통 춤인 하카 자세를 하고 있다. 하카 춤에서는 사나워 보이도록 눈을 부릅뜬다.

하카를 출 때는 결정적인 순간에 혀를 내민다.

문화의 역사

뉴질랜드의 마오리 사람들에게 문신은 신성한 것이었다. 여자들은 보통 입술과 턱에 문신을 했다. 남자는 얼굴 전체와 엉덩이, 허벅지에 했다. 영국이 1800년대에 뉴질랜드를 지배했을 때는 문신을 법으로 금지했지만, 오늘날 마오리 사람들은 그 풍습을 되살렸다.

귀중한 보석

인도에서는 '9가지 보석'이라는 뜻의 산스크리트 말인 '나바라트나'가 특별한 의미가 있다. 인도 사람들은 보석 9개를 지니면 행운과 건강이 온다고 믿었다. 이 보석들은 특정한 순서대로 두어야 한다. 가운데에는 태양을 나타내는 루비를 둔다. 루비 주위를 다이아몬드, 진주, 오렌지색 산호, 석류석, 블루 사파이어, 묘안석, 엘로우 사파이어나 황옥, 에메랄드로 둘러싼다.

흙, 공기, 물

케냐와 탄자니아에 걸쳐 사는 마사이 사람들이 두른 알록달록한 천과 장신구는 단순한 장식 이상의 것이다. 모든 색깔에는 의미가 있다. 전통 의상인 슈카는 주로 빨간색이며, 피의 색깔을 뜻하고 용기를 나타낸다. 팔찌, 목걸이, 귀걸이는 착용한 사람의 지위와 씨족을 나타낸다. 마사이 사람들은 한때 철이나 뼈와 같은 재료를 사용했지만, 오늘날에는 유리구슬과 천을 이용한다.

파란색은 하늘을 나타낸다. 하늘은 소와 농작물을 키우는 데 중요한 비를 내려주는 존재이다.

마사이 문화에서 빨간색은 용맹을 상징하는데, 사자가 이 색깔을 보면 겁이 나서 도망간다고 하는 사람도 있다.

종교

사람들은 어떤 종교를 믿을까? 통계 자료를 보면 신도가 44억 명에 이르는 그리스도교와 이슬람교가 세계에서 가장 큰 종교임을 알 수 있다. 이 두 종교에서 갈라져 나온 종파도 많다. 예를 들어 가톨릭교는 그리스도교의 한 종파이고, 수니파는 이슬람교의 한 종파이다. 어떤 종교에는 여러 문화와 의식이 섞여 있기도 하다. 종교를 갖지 않은 사람들도 많다.

그리스도교
25억 명
그리스도교인들이 하나님의 아들이라고 믿는 예수 그리스도의 가르침을 기반으로 하여 서기 1세기에 시작되었다. 신도들은 유일신을 믿는다. <성경>은 그리스도교의 성서이다.

이슬람교
19억 명
예언자 무함마드가 서기 7세기에 아라비아에서 이슬람교를 창시했다. 이슬람이라는 말은 '복종하다'라는 뜻이다. 이슬람교 신자들은 유일신인 알라신에게 복종한다. 아랍어로 쓰인 <쿠란>이 성서이다.

힌두교
10억 명
힌두교는 3000년 전에 인도에서 시작되었다. 힌두교인들은 여러 신을 믿고 브라마가 우주를 창조했다고 여긴다. 산스크리트 말로 쓰인 <베다>가 힌두교의 가장 오래된 성서이다.

불교
5억 5000만 명
기원전 약 500년 무렵 인도 석가모니의 가르침을 바탕으로 불교가 시작되었다. 완벽한 깨달음과 평화를 얻은 상태인 열반에 들기 위한 삶의 방식에 집중한다. 불교의 성서인 <불경>은 여러 경전으로 이루어졌다.

시크교
2800만 명
1400년대 후반에 살았던 인도의 영적인 스승 나나크의 추종자들인 시크교인들은 유일신을 믿는다. 성서 <아디 그란트>에 나나크의 가르침이 담겨 있다.

유대교
1500만 명
유대교는 오늘날의 이스라엘 지역에서 적어도 3000년 전에 시작되었다. 유대교인들은 유일신을 믿고 <타나크>, <미드라시>, <탈무드>에 쓰인 가르침을 따른다.

24.3%

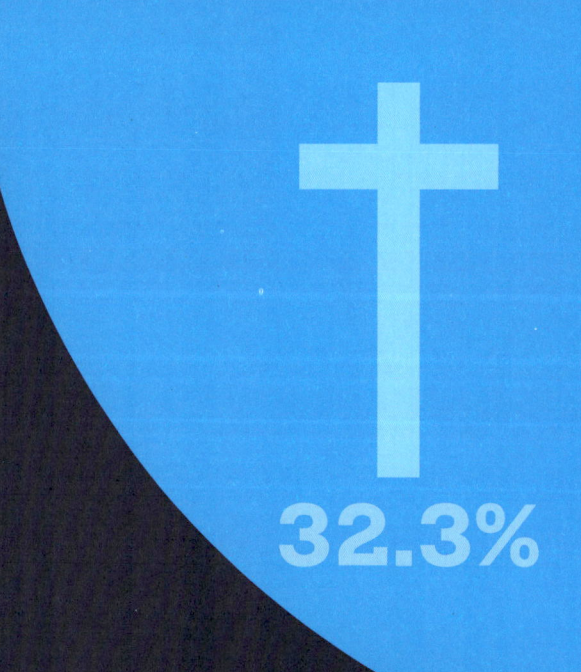
32.3%

도움말 주신 전문가: 지나 줄로 **함께 보아요:** 중국 최초의 왕조, 6권 14~15쪽; 고대의 신들, 6권 18~19쪽; 비잔티움 제국, 6권 40~41쪽; 당나라, 6권 44~45쪽; 이슬람교의 황금기, 6권 46~47쪽; 중세 유럽, 6권 48~49쪽; 아프리카의 제국들, 7권 6~7쪽

 기타 종교

1. **파룬궁(1000만 명)** 명상 기술과 영적 운동을 결합했다. 1992년에 중국에서 창시되었다.
2. **바하이교(500~700만 명)** 모든 사람은 유일신 아래 하나의 종교에 속한다고 믿는다. 1863년 이란에서 창시되었다.
3. **유교(500~600만 명)** 중국의 사상가 공자의 가르침을 따르는 고대 종교이다.
4. **자이나교(400만 명)** 인간의 영혼이 영생한다고 믿는다. 기원전 6세기 인도에서 나왔다.
5. **신토(300~400만 명)** 신토 신자들은 영혼을 뜻하는 '카미'를 믿으며 신사에 다닌다. 고대 일본에서 창시되었다.
6. **위카(100~300만 명)** 고대 종교적 전통과 주술을 되살린 문화 운동에 가까운 종교. 1954년 영국에서 시작했다.
7. **카오다이교(250만 명)** 도교, 불교, 유교, 천주교의 사상을 받아들였다. 1926년에 베트남에서 창시되었다.
8. **라스타파리교(100만 명)** 종교이자 정치적인 운동으로 1930년대 자메이카에서 시작되었다.
9. **천리교(100만 명)** 신토를 기반으로 한 일본의 종교로 '천리왕명'이라는 유일신을 믿는다. 1800년대 일본에서 시작되었다.
10. **조로아스터교(12~19만 명)** 최고의 신 아후라 마즈다를 숭배한다. 기원전 6세기에 이란에서 시작되었다.

13.6%

7%

0.4%
0.2%
0.1%

11.3%

10.8%

도교
900만 명
중국에서 2000년 전에 생겼다. 신도들은 '길'이라는 뜻의 '도'와 조화를 이루어 행동해야 한다고 믿으며 자연의 순리를 거스르지 않으려 노력한다.

무교
8억 8000만 명
특정한 종교를 갖고 있지 않은 사람, 신이 없다고 믿는 사람, 신의 존재가 있는지 없는지 알 수 없다고 생각하는 사람, 종교 단체에 소속되지 않은 사람을 포함한 수치이다. 신과 같은 초월적 존재를 믿지는 않지만, 기도나 명상을 하고 영적인 의식에 참여하는 사람들도 있다.

갈등과 전쟁

사람들이 서로 싸우고 전쟁을 벌이는 이유에 대해서는 여러 가지 이론이 있다. 전쟁은 침략의 우려 때문이거나 돈·종교·식량·영역 다툼 때문에 일어난다. 한 나라 안에서 집단이 나뉘어 서로 싸우는 내전은 나라의 통치권을 두고 벌어지는 경우가 많다. 갈등은 인간의 본성 가운데 하나라고 주장하는 과학자들도 있지만, 어떤 이들은 그렇지 않다고 생각한다. 오늘날에도 많은 갈등이 계속되고 있지만, 세계의 대부분 지역은 평화가 유지된다.

리틀 빅혼 전투

북아메리카 원주민 부족 가운데 하나인 오글라라 부족 화가 아모스 배드 하트 버팔로가 묘사한 리틀 빅혼 전투 장면이다. 리틀 빅혼 전투는 1876년 6월 25일 지금 미국의 몬태나 주에서 원주민 라코타 부족과 샤이엔 부족이 자신들의 땅을 지키기 위해 미국 육군과 벌인 전투였다. 전투는 원주민의 승리로 끝났지만, 미국은 결국 원주민 부족들을 몰아내었고 백인 정착민들이 이 땅을 차지했다.

평화 시위

모든 갈등이 폭력적인 것은 아니다. 평화적인 시위도 정치의 변화를 이끌어낼 수 있다. 2018년 후반부터 아프리카의 수단 국민은 가혹한 통치에 맞서 시위를 벌였다. 대통령은 재판을 받고 감옥에 갇혔다. 새로운 정부가 들어섰지만, 이 나라는 여전히 여러 갈등을 겪고 있다.

도움말 주신 전문가: 마이클 레이 함께 보아요: DNA와 유전학, 5권 10~11쪽; 종교, 5권 22~23쪽; 범죄와 법, 5권 38~39쪽; 혁명의 시대, 7권 24~25쪽; 제1차 세계 대전, 7권 30~31쪽; 제2차 세계 대전, 7권 38~39쪽; 냉전 시대, 7권 40~41쪽; 식민지의 독립, 7권 42~43쪽

국제 연합

1945년 제2차 세계 대전이 끝났을 때 51개국이 모여 국제 연합을 결성했다. 세계의 평화와 안전을 유지하고 사람의 권리를 존중하여 모든 나라가 번영하도록 하는 것이 임무이다. 오늘날 국제 연합에는 193개국이 가입해 있다.

시신의 신원 확인

세계 곳곳에서 일어난 전쟁으로 군인과 시민이 수백만 명 사망했다. 많은 사망자들이 전쟁 중에 급히 묻혀서 누구인지 알 수 없었다. 1990년대 이후 사망자의 유해에 대한 DNA 검사 결과를 실종자들의 정보와 대조하여 신원을 확인할 수 있게 되었다. 사망자의 신원을 확인하면 살인자가 법의 심판을 받도록 하는 데 도움이 되기도 한다.

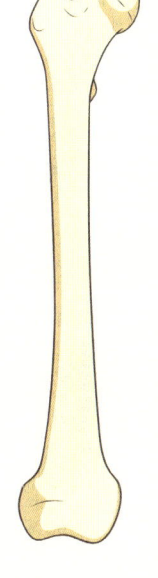

전쟁의 결과

전쟁은 집과 마을, 학교와 병원, 도시 전체를 파괴한다. 사람들은 사랑하는 이의 죽음에 맞닥뜨리고 굶주림을 겪기도 한다. 많은 사람들이 난민이 되어 다른 곳으로 떠나야 한다. 시리아 서부의 도시 알레포는 2011년에 시작된 시리아 내전으로 파괴되었다. 수백만 명이 안전을 찾아 고향을 떠나 560만 명의 난민들이 시리아 밖에서 살고 있다. 시리아 안에서도 수백만 명이 집을 떠나 살 곳을 옮겨야 했다.

무기의 발달

좋은 무기를 갖게 되면 전쟁에서 승리할 확률이 높아진다. 최초로 발명되어 널리 쓰인 기관총은 1862년 미국 남북 전쟁 중에 발명된 개틀링 기관총이었다. 기관총은 소총과는 달리 총알을 연속으로 발사할 수 있기 때문에 군대가 전투에서 싸우는 방식이 바뀌었다. 맥심 기관총은 1884년에 발명되었다. 최초의 전자동 기관총이었으며, 식민지 원주민들과의 전쟁과 제1차 세계 대전에 사용되었다.

전문가의 한마디!

마이클 레이
유럽 역사와 군사 관련 전문 편집자

마이클 레이는 엔사이클로피디어 브리태니커에 역사와 갈등에 관한 글을 쓴다. 과거의 전쟁에 대해 알면 미래의 전쟁을 피하는 데 도움이 될 수 있다고 생각한다.

" 만일 역사가 반복된다면, 우리는 전쟁은 반복하지 않도록 노력해야 해요. "

언어와 이야기

언어는 서로 의사소통을 하기 위해 이용하는 수단이다. 우리는 언어를 통해 생각·감정·사상을 표현하고 과거와 미래에 관해 이야기를 나눌 수 있다. 언어는 말이나 신호로 나타낼 수 있는데, 신호로 나타낸다는 것은 손·표정·몸짓으로 표현한다는 뜻이다. 언어로 이야기를 만들 수 있고, 이야기가 전해지면서 예술의 형식을 띠게 될 수도 있다. 언어는 언제나 변화한다.

말하는 법 배우기

아기의 뇌는 태어날 때부터 언어를 배우도록 진화했다. 아기는 주변의 사람들을 관찰하고 상호 작용을 하면서 언어를 배운다. 처음에는 한두 마디 옹알이로 시작하지만, 곧 단어가 되고 문장이 만들어진다. 어린이는 대부분 5살까지는 자기 나라 언어를 유창하게 말할 수 있게 된다.

이야기 지어 들려주기

인간은 글자가 만들어지기 훨씬 전부터 한 세대의 역사와 지식을 다음 세대로 전해주었다. 말을 이용해 이야기로 들려주거나 노래를 만들어 불렀다. 이런 전통은 전 세계의 문화에 나타난다. 모로코의 이야기꾼이 들려주는 전통적인 이야기부터 현대의 랩 가사까지 다양하다.

도움말 주신 전문가: 로라 캘린 함께 보아요: 뇌, 5권 12~13쪽; 읽기와 쓰기, 5권 28~29쪽; 예술의 시작, 5권 30~31)쪽; 교육, 5권 40~41쪽; 고대 이집트, 6권 16~17쪽; 인터넷, 8권 22~23쪽; 매체, 8권 24~25쪽

수어

손으로 말을 할 때도 있다. 손으로 하는 말을 '수어'라고 한다. 입으로 말을 하면서 곁들이는 손짓과는 다르다. 수어를 하는 사람도 손짓을 한다. 수어는 여러 면에서 입으로 하는 말과 비슷하지만 같은 것은 아니다. 전 세계적으로 사용되는 수어는 수백 종이 있다. 우리나라에는 한국 수어가 있으며, 한국어와 함께 우리나라의 공식 언어이다.

세계의 언어

세계에는 대표적인 언어 10가지가 모국어, 또는 첫 번째 외국어로 가장 일반적으로 쓰인다. 표준 중국어가 모국어인 사람들이 제일 많고, 영어는 가장 널리 쓰이는 첫 번째 외국어이다. 오늘날 사용되는 언어는 6000가지나 되지만 40퍼센트가 더는 사용되지 않아 사라질 위기에 놓여 있다. 평균적으로 90일마다 언어 한 가지가 사라진다.

사용자(억 명)
- 영어 (사용자 13억 명)
- 표준 중국어 (사용자 11억 명)
- 힌두어 (사용자 6억 3700만 명)
- 스페인어 (사용자 5억 3700만 명)
- 프랑스어 (사용자 2억 8000만 명)
- 아랍어 (사용자 2억 7400만 명)
- 벵골어 (사용자 2억 6500만 명)
- 러시아어 (사용자 2억 5800만 명)
- 포르투갈어 (사용자 2억 5200만 명)
- 인도네시아어 (사용자 1억 9900만 명)

사실은!

파푸아뉴기니에서 사용되는 언어는 약 840가지나 된다.

이 작은 태평양의 국가에는 약 900만 명이 산다. 언어가 너무 많다 보니 한 언어의 사용자는 대부분 3000명이 넘지 않는다. 영어와 톡 피진어가 공용어여서 다른 집단끼리 의사소통을 할 수 있다. 톡 피진어는 피진어에 바탕을 두고 체계적으로 발전한 크리올어이다. '피진어'는 다른 언어를 사용하는 사람들이 서로 의사소통을 하기 위해 사용하는, 두 언어가 섞여 만들어진 언어를 말한다.

전문가의 한마디!

로라 캘린
언어학자

완전히 달라 보이는 언어들인데도 몇 가지 특성을 공유하는 경우가 있다. 이란의 쿠르드족이 사용하는 세나야어, 마다가스카르어, 브라질의 원주민이 사용하는 힉스카리아나어가 그렇다. 캘린 교수는 이런 특성들을 찾아내는 한편, 이런 특성들이 왜 존재하는지 알아내려 한다.

" 인간이 있는 곳이라면 어디에나 언어가 있답니다. "

읽기와 쓰기

쓰는 것은 언어와 어떻게 다를까? 우리는 언어를 사용해 말을 하지만 글을 쓰면 우리의 생각을 훨씬 더 길게 표현할 수 있고, 더 오랫동안 남겨둘 수 있다. 초기의 인간에게는 글자가 없었지만, 돌에 표시를 하고 그림을 그렸다. 단순한 표시와 그림이 기록의 출발이었고, 시간이 지나면서 이야기를 짓는 방법으로 발전했다. 생각을 기호로 옮겨 다른 사람들이 읽고 이해하도록 하기도 했다. 우리는 쓰기와 읽기를 통해서도 말로 할 때와 같이 서로 의사소통을 하고 지식을 다음 세대에 전해준다.

밝혀지지 않은 이야기
숫자가 먼저였을까, 글쓰기가 먼저였을까?

수를 나타내는 기호가 생기기 오래전에는 손가락으로 숫자를 셌다. 그러다가 돌이나 진흙에 금을 그었다. 5400년 전, 고대 이집트 사람들은 막대기 표시로 작은 숫자를 나타내었고, 10을 나타내는 기호를 만들었다. 이 기호들이 쓰기로 이어졌을까? 아무도 확실히 알 수 없다.

표시를 남기다

고대 수메르 사람들은 5000년 전에 쐐기문자라고 하는 최초의 진정한 문자 체계를 창안했다. 고대 마야 사람들은 단어, 물체, 소리를 표현하는 기호인 상형 문자를 사용했다. 돌에 새겨서 썼고, 무화과 나무껍질에 써서 책을 만들기도 했다.

알파벳

고대 페니키아 사람들이 기원전 1500년에 처음으로 알파벳의 옛 글자를 만들었고, 고대 그리스 사람들이 페니키아 글자를 다듬고 몇 글자를 더해서 사용했다. 그리스 글자를 에트루리아 사람들이 좀 더 고쳤고, 고대 로마 사람들이 에트루리아 글자를 다듬어서 만든 것이 오늘날 우리가 사용하는 '로마자'의 알파벳이다. 영어와 대부분의 유럽 언어들은 지금도 로마자를 사용한다.

암호 해독

고대의 글자를 읽는 것은 암호를 해독하는 것과도 같다. 어느 문자 체계가 더 이상 사용되지 않으면, 다음 세대는 그 문자가 무슨 의미인지 알 수 없게 된다. 로제타돌은 이집트의 상형 문자를 해독하는 데 결정적인 역할을 했다. 이 돌에는 같은 내용이 서로 다른 3가지 글자로 새겨져 있었다. 학자들은 통치자였던 프톨레마이오스 5세의 기념일을 축하하는 내용으로 해독했다.

- 상형 문자에는 프톨레마이오스라는 이름을 나타내는 카르투슈 기호가 등장한다. 카르투슈 기호는 파라오의 이름을 둘러싼 곡선을 의미한다.
- 민중 문자는 상형 문자에서 발달한 것으로, 로마 시대까지 쓰였다.
- 고대 그리스어로 씌어졌다. 학자들은 고대 그리스어를 알고 있었기 때문에 이를 이용해서 다른 글을 해독했다.

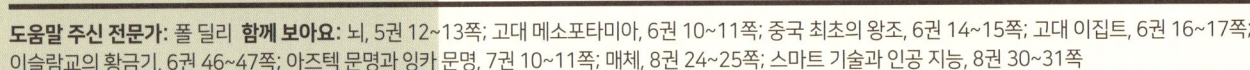

도움말 주신 전문가: 폴 딜리 함께 보아요: 뇌, 5권 12~13쪽; 고대 메소포타미아, 6권 10~11쪽; 중국 최초의 왕조, 6권 14~15쪽; 고대 이집트, 6권 16~17쪽; 이슬람교의 황금기, 6권 46~47쪽; 아즈텍 문명과 잉카 문명, 7권 10~11쪽; 매체, 8권 24~25쪽; 스마트 기술과 인공 지능, 8권 30~31쪽

인쇄기

처음에 책은 손으로 써서 만들었기 때문에 시간과 비용이 아주 많이 들었다. 1234년 고려에서 세계 최초로 금속 활자를 사용하여 <상정고금예문>을 펴냈다. 1450년경에는 독일의 요하네스 구텐베르크가 유럽 최초의 인쇄기를 개발했다. 이 인쇄기로 많은 책을 빨리 펴낼 수 있었고, 덕분에 부자가 아닌 사람들도 처음으로 책을 살 수 있게 되었다.

- 구텐베르크는 성경을 여러 권 인쇄했다.
- 레버를 당긴다.
- 레버가 나무 나사를 돌려 '압반'이라고 하는 평평한 판을 아래로 누른다.
- 압반이 내려가면서 틀에 들어있는, 잉크를 묻힌 활자들 위에 놓인 종이를 누른다.
- 인쇄기는 1시간에 250장이나 인쇄할 수 있었으니, 손으로 베껴 쓰는 것보다 훨씬 빨랐다!
- 종이는 나무로 만든 틀에 짜 넣고 잉크를 묻힌 금속 활자 위에 얹혀진다.
- 나무 틀은 움직일 수 있었다.

세상을 바꾼 인물

무라사키 시키부
일본의 작가, 978~1014년

일본 왕실의 시녀였던 무라사키 시키부는 1000년 전에 세계 최초의 소설 <겐지 이야기>를 썼다. 54장으로 이루어졌으며, 한국어 번역본으로 3450페이지나 되는 아주 긴 소설이다. 시키부가 손으로 쓴 원고는 남아 있지 않다. 후지와라노 데이카라는 시인이 1200년대에 손으로 옮겨 쓴 필사본을 만들었는데, 2019년 도쿄에서 발견된 5번째 장을 포함해서 그중 아직 5장만 발견되었다.

중국의 문자, 한자

중국인들은 약 4000년 전에 문자 체계를 창안했다. 중국의 문자는 사물의 모양을 따라 그린 상형 문자가 기본으로, 시간이 흐르면서 약간의 변화를 거쳐 오늘날까지도 사용되고 있다. 교육을 받은 중국인들은 3000~8000자를 읽을 수 있다.

독창적인 한국의 문자, 한글

한국에는 세계에서 가장 독창적이라고 평가 받는 문자 체계인 '한글'이 있다. '한글'은 자음 14자와 모음 10자로 구성되어 모든 음성을 쓸 수 있다. 한글은 조선 시대 세종대왕이 1443년 창제하고 1446년 '훈민정음'이라는 이름으로 반포했으며, 오늘날 많은 사람이 쓰고 있는 문자 체계 중 창제의 역사와 원리가 명확하게 기록되어 있는 유일한 문자이다.

예술의 시작

가장 오래되었다고 알려진 미술 작품으로는 4만 년 전에 그려진 동굴 벽화가 있다. 고대 사람들은 사람을 거의 그리지 않고 보통 동물을 동굴 벽에 그리거나 새겼다. 이 작품의 목적이 무엇인지는 아직 분명하게 밝혀지지 않았다. 고대 사람들은 아마도 이 작품을 종교적인 목적이거나 풍요를 기원하기 위해서, 또는 다른 사람들을 가르치기 위해서 그렸을 것이다. 인도네시아, 프랑스, 불가리아의 동굴에서도 이런 고대 작품이 발견되었다.

코바시엘라 동굴의 들소 그림은 음영을 주어 입체적으로 보인다.

동물화

스페인 북부에 있는 몇몇 동굴에서 들소, 말, 사슴 그림이 발견되었다. 그 중에는 3만 6000년 전에 그려진 것으로 보이는 것도 있다. 아주 오래전에 산사태로 동굴 입구가 완전히 막혔기 때문에 그림을 상하게 하는 빛과 공기로부터 보호받을 수 있었다. 지금은 관광객들의 입김에서 나오는 수분 때문에 동굴 벽화가 손상될 수 있어서 동굴을 폐쇄하고 복제품을 만들어 전시하고 있다. 스페인의 코바시엘라 동굴에 있는 벽화들은 약 1만 4000년 전에 그려진 것이다.

아르헨티나의 동굴에 있는 손자국들은 1만 3000년에서 9500년 사이에 그려졌다.

손자국을 찍다

손자국은 전 세계 곳곳의 동굴이나 암석 은신처에서 발견되는데, 아르헨티나의 '손의 동굴'도 그 가운데 한 곳이다. 손자국을 만들려면 한 손을 동굴 벽에 대고 그 위로 물감을 입이나 대롱으로 불어서 뿌린다.

도움말 주신 전문가: 마크 샙웰 **함께 보아요:** 암석과 광물, 2권 24~25쪽; 지구의 풍요로운 자원, 2권 28~29쪽; 언어와 이야기, 5권 26~27쪽; 최초의 오스트레일리아 사람, 6권 6~7쪽; 미노스 문명, 미케네 문명, 페니키아 문명, 6권 24~25쪽

벽화를 그린 화가들은 동물의 외곽선을 새긴 다음 그 위에 그림을 그리기도 했는데, 이때 보통 숯을 이용했다.

화가들은 동물의 혹을 표현할 때 동굴 벽에 자연적으로 튀어나와 있는 부분을 이용한 경우가 많았다.

빨간 것을 그릴 때는 '석간주'라고 하는 붉은 진흙을 이용했다.

다양한 예술

배우·무용수·음악가들은 관중을 상대로 공연을 한다. 공연 예술가들은 몸·목소리·악기를 이용해 자기 자신을 표현한다. 때로는 많은 사랑을 받아온 전통적인 작품을 하기도 하고, 때로는 새로운 소리와 형식을 실험하기도 한다. 연극·춤·음악은 모두 여러 장르가 있다. 팝은 음악의 한 장르이고 탱고는 춤의 한 장르이다. 재즈와 발레와 힙합을 춤과 섞는 것처럼, 서로 다른 스타일과 장르를 섞어서 아주 재미있는 작품을 만들 수도 있다.

관중을 홀리는 사람들

공연은 관중을 재미있고 즐거우며 황홀하게 만들어 준다. <태양의 서커스>는 사람 몸의 놀라운 가능성들을 보여준다. 곡예사와 무용수들이 몸을 극한까지 구부리고 비튼다. 첫 번째 서커스였던 <로마 시대>에는 동물들의 싸움, 검투사 선발 대회, 마차 경주도 등장했다.

연극의 시작

연극을 공연하는 곳을 극장이라고 한다. 고대 그리스의 아테네 사람들은 디오니소스 극장에서 연극과 술의 신인 디오니소스를 찬양하는 축제를 열었다. 그리스 사람들은 야외극장에서 공연되는 희극, 비극, 풍자극을 관람했는데, 이것이 본격적인 연극의 기원이라고 알려져 있다.

경극

1700년대 후반 중국에서 뮤지컬 장르의 일종인 경극이 생겨났다. 오늘날에는 유명한 중국 전설을 기반으로 한 경극이 1000종 이상 있다. 경극에는 대부분 곡예사와 검술이 등장하고 의상과 무대는 화려하다. 등장인물들의 분장은 특정한 성격을 상징하는데, 빨간색은 용맹, 하얀색은 배반을 뜻하는 식이다. 20세기 후반까지 모든 등장인물은 남자 배우들이 맡아 연기했다.

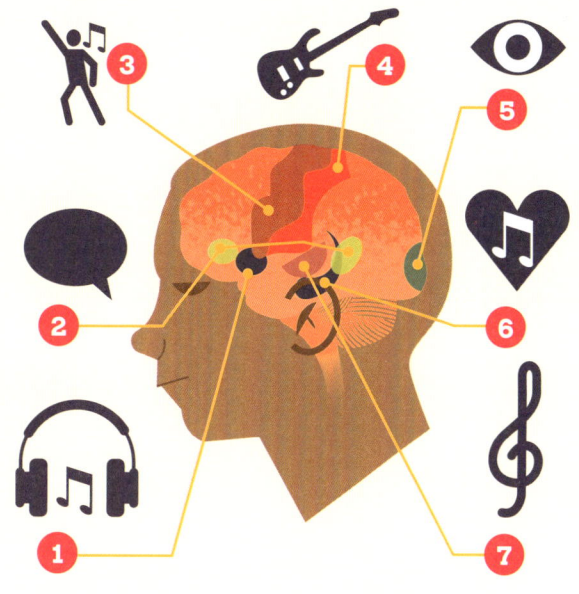

뇌를 자극하다

과학자들은 음악을 들을 때 뇌의 여러 부위가 활성화하는 것을 발견했다. 음악의 종류에 따라 뇌의 화학 반응이 다른 방식으로 일어난다. 조용한 음악을 들으면 스트레스에 반응하는 호르몬인 코르티솔의 분비량이 감소한다. 불면증으로 고생하는 사람들에게는 음악 치료 요법을 적용하기도 한다.

1 중격핵
음악을 들으면 이 부위에서 도파민 호르몬이 증가하여 흥분을 느끼게 된다.

2 브로카 영역과 베르니케 영역
음악을 듣고 가사의 내용을 이해하며, 음악에 대한 감상을 말하는 것과 같은 언어 능력을 담당한다.

3 운동 피질
악기를 연주하거나, 춤을 추거나, 음악에 맞춰 몸을 움직일 때 활성화된다.

4 감각 피질
악기를 만질 때, 음악의 박자가 온 몸에 전해져 올 때 작동한다.

5 시각 피질
악보를 읽거나 다른 사람의 춤 동작을 관찰하고, 비디오를 볼 때 쓰인다.

6 해마
음악을 들을 때 오래 전의 기억과 감정을 불러일으켜준다.

7 청각 겉질
뇌의 이 부위는 음악 소리를 들으면서 활성화된다.

세상을 바꾼 인물

윌리엄 셰익스피어
영국의 극작가, 1564~1616년

세계에서 가장 유명한 극작가는 400년 전의 인물인 윌리엄 셰익스피어이다. 셰익스피어의 희곡 작품들은 귀족에서 노동자 계급까지, 계층을 가리지 않고 공감을 불러 일으켰다. <햄릿>의 복수에서 <로미오와 줄리엣>의 비극적인 사랑에 이르는 셰익스피어의 작품 속 다양한 주제에 모든 이가 사로잡혔다. 셰익스피어는 평생 희곡 37편을 발표했으며, 100개가 넘는 언어로 번역되었다.

사실은!

2013년, 우주비행사 크리스 해드필드는 우주에서 앨범을 녹음했다. 캐나다의 우주인 크리스 해드필드는 국제우주정거장에서 일하면서 자유시간 동안 기타 반주로 음악을 녹음했고, 2015년에 <우주 세션, 양철 깡통의 노래>라는 제목의 앨범을 발표했다. 앨범에는 12곡이 실렸는데, 데이빗 보위의 <기묘한 우주>를 다시 부른 곡도 들어있었다.

거리의 춤

최고로 신나고 창의적인 공연이 지역의 젊은 청년들에게서 싹트기도 한다. 1960년대 후반에서 1970년대 초반 사이에 미국 뉴욕에서 최초로 브레이크댄싱 공연이 펼쳐졌다. 이 무렵 거리의 조직폭력배들이 사용하던 무술 동작들이 섞여 들어갔다. 힙합 음악이 발달하면서 브레이크댄싱은 힙합 문화의 일부가 되었다. 미국 캘리포니아에서는 샘 솔로몬이 몸의 각 부분이 마치 따로 움직이는 것과 같은 부갈루와 로봇 같은 동작이 특징인 팝핀 댄스를 선보였다.

달력

고대 사람들은 태양·달·별의 움직임을 보고 시간의 흐름을 알았다. 태양·달·별의 규칙적인 움직임을 관찰한 결과를 바탕으로 초기의 달력이 만들어졌다. 하루는 지구가 자전축을 중심으로 한 바퀴 도는 데 걸리는 시간이다. 음력의 한 달은, 달이 지구를 돌면서 보름달에서 다시 보름달이 되기까지 걸리는 시간인 29.5일과 거의 일치한다. 지구가 태양 주위를 도는 데는 약 365.25일이 걸리는데 이 기간을 양력의 1년이라고 부른다. 하루, 한 달, 1년은 이렇게 서로 다른 현상을 기준으로 하기 때문에, 함께 딱 맞추기가 쉽지 않다. 여러 문화권에서 이 문제를 각기 다른 방식으로 해결한 달력을 만들었다.

기원전 2600년
바빌로니아 달력에는 29일 또는 30일로 된 12개의 태음월이 있다. 하루는 똑같이 12로 나누었다.

기원전 1400년
태음력인 중국의 달력에는 29일 또는 30일로 된 12달이 있다. 윤달이 매 2년 또는 3년마다 한 달 들어간다. 쥐, 소, 호랑이, 토끼 등 12동물 이름을 한 해에 하나씩 순서대로 붙여서 부른다.

기원전 543년
불교의 달력은 태음력과 태양력을 다 따르고, 12달이 있으며 29일인 달과 30일인 달이 번갈아 온다. 1년은 354일이며 3년마다 윤달을 한 달 더한다.

기원전 57년
네팔과 인도 일부 지역들에서 태음월과 항성년을 따르는 비크람 삼바트 달력을 사용한다. 항성년은 지구가 태양의 주위를 돌고 처음과 정확히 똑같은 자리로 다시 돌아와 다른 별들과의 거리도 처음과 같아지기까지 걸리는 시간을 말한다. 10월이나 11월에 열리는 디왈리 축제 후에 새해가 된다.

기원후 78년
인도네시아 발리의 일부 사람들과 인도의 일부 지역에서는 사카 달력을 사용한다. 30개월마다 한 달을 더 추가하여 태양력과 보조를 맞춘다.

기원전 2500 — 기원전 350 — 기원후 100

기원전 2500년
이집트 달력에는 24시간인 하루가 365일이고 씨뿌리는 계절, 키우는 계절, 추수하는 계절 등 3개의 계절이 있었다. 기원전 238년부터는 4년마다 윤날을 하루 더했다.

기원전 600년
유대인의 1년은 354일이고 한 달은 29일이나 30일이다. 윤년은 19년 동안 7번 들어가는 방식으로 순환한다. 윤년에는 '윤달 아다르'라고 하는 13번째 달이 더해져서 30일이 늘어난다.

기원전 500년
마야인들은 1년을 260일로 보는 종교 달력, 1년을 365일로 보는 태양력, 이 두 가지 달력이 일치되는 52년을 함께 묶은 달력을 만들어 썼다.

기원전 46년
율리우스 카이사르의 이름을 딴 율리우스 달력에는 4년마다 윤년이 있다. 율리우스 달력에서 율리우스 카이사르가 태어난 달인 7월에 그의 이름을 붙였고, 오늘날 영어의 'July'가 되었다. 카이사르에 이어 로마의 초대 황제가 된 아우구스투스가 태어난 달인 8월에도 그의 이름을 붙여서 오늘날 영어의 'August'가 되었다.

기원후 79년
인도의 사카 삼바트 달력은 항성년만을 따르기 때문에 비크람 삼바트 달력과 약간 차이가 있다.

도움말 주신 전문가: 대린 르후 함께 보아요: 우주 속의 지구, 2권 8~9쪽; 기후, 2권 46~47쪽; 읽기와 쓰기, 5권 28~29쪽; 축제, 5권 46~47쪽; 고대 그리스, 6권 30~31쪽

봄이 왔어요

많은 문화권에서 축제를 열어 봄이 온 것을 기뻐하며 농작물의 씨를 뿌린 것을 기념한다. <프리마베라>는 르네상스 시대 이탈리아의 화가 산드로 보티첼리가 그린 그림이다. '프리마베라'는 '봄'을 뜻하는데, 그리스 로마 신화의 여신들과 꽃의 여신인 플로라가 담겨 있다. 이 그림은 그리스 로마 신화에서 클로리스라는 요정이 바람의 신 제피로스의 키스를 받고 플로라로 변했다는 이야기에서 영감을 받은 것이다.

350년
에티오피아 달력에는 30일로 이루어진 한 달이 12달 있고, 5일만 있는 달이 한 달 있다. 4년마다 마지막 달은 6일이 된다. 에티오피아 달력은 그리스도교의 축일이나 성인의 날과 연결되어 있다.

1079년
페르시아에서 별과 행성을 연구하는 과학자인 천문학자들이 옛 페르시아 태양력에 윤년을 포함한 잘랄리 달력을 만들었다.

1300년
남아메리카의 잉카 사람들이 태양·달·별을 연구하여 달력을 만들었다. 태음월 12달로 구성되며 씨를 뿌리고 추수를 하는 것과 같이 농사에 중요한 때와 연결되어 있다.

1400년
남아메리카의 아즈텍 사람들이 마야 달력 체계로 바꾸고 1년을 365일로 정했다. 마야 사람들처럼 아즈텍 사람들도 연말의 5일은 불길하다고 믿었다.

622년
이슬람 태음력에는 29일이나 30일로 된 달이 12개 있고 윤년은 없다. 축제일이 오늘날 거의 모든 나라에서 사용하는 그레고리 달력보다 매년 10일에서 11일 빨라진다.

1084년
아르메니아의 과학자 호바네스 사르카바그가 고대 아르메니아 태양력에 4년마다 윤날을 하루 더해 조정했다.

1350년
인도네시아 발리에서 파우콘 달력을 만들어 축제와 휴일의 날짜를 고정했다. 파우콘 달력의 1년은 210일이며, 6달이 있고, 한 달은 35일이다.

1582년
그레고리오 13세 교황이 율리우스 달력의 문제점을 고친 그레고리 달력을 시행했다. 율리우스 달력의 1년이 실제 태양년의 길이보다 11분 늦어, 1600년이 지나자 큰 차이가 생겼기 때문이다. 1923년에는 자신들만의 달력을 쓰는 일부 이슬람 국가와 에티오피아, 네팔을 제외한 모든 나라에서 그레고리 달력을 쓰게 되었다.

화폐

물건을 살 때 지불하는 것을 '돈'이라고 한다. '돈'은 재물이나 재산의 의미로도 두루 쓰인다. 금속이나 종이로 만들고 가치에 해당하는 숫자가 표시되어 있는 돈을 '화폐'라고 한다. 사람들은 4000년 전부터 물건의 값을 치르는 데 화폐를 사용했다. 고대 이집트 사람들은 값을 치르기 위해 금 막대기를 만들었는데, 가치는 무게에 따라 달랐다. 중국 사람들은 806년에 종이로 만든 화폐인 지폐를 처음 만들었다. 우리나라의 '원'이나 미국의 '달러'와 같이 나라마다 화폐의 단위와 모양이 다르지만, 유럽의 '유로'처럼 여러 나라에서 함께 쓰는 화폐도 있다. 미국의 '달러'는 세계에서 가장 널리 쓰이는 화폐이다. 미국 조폐국은 하루에 지폐 2600만 장을 인쇄하는데, 금액으로는 9억 7400만 달러나 된다.

화폐의 발달

아주 오래 전에는 조개껍데기와 같이 자연에서 찾은 물건들을 화폐로 사용했다. 금속 화폐는 대개 구리, 은, 금으로 만들어졌다. 오늘날에는 화폐 대신 사용할 수 있는 디지털 지갑이 있다.

물물 교환은 곡식, 가축, 항아리 같은 물건을 서로 바꾸어 필요한 것을 얻는 것이다.

금속 화폐는 재료인 은이나 구리의 가치를 갖고 있었다. 귀중한 금속은 더 가치가 컸다.

지폐의 가치는 정부가 보증했다. 한때 지폐는 가치에 해당하는 금으로 바꿀 수도 있었다.

신용 카드나 수표를 사용하거나 송금을 하려면 은행에 예금한 돈이 있어야 한다.

비트코인같은 가상 화폐는 은행이나 정부의 보증을 받지 못한다.

금속 화폐

금속으로도 화폐를 만든다. 가장 처음에 나온 금속 화폐는 모양이 다양했다. 금으로 만든 화폐를 '금화'라고 한다. 기원전 600년, 지금의 터키에 있던 리디아 사람들이 최초로 동그란 금속 화폐를 만들었다. 금과 은을 섞어서 만들었으며 커다란 콩 모양이었다. 고대 중국의 금화인 '영원'은 두부처럼 네모 모양이었고 가치나 무게가 찍혀 있었으며 한 모씩 잘라서 사용했다.

신기한 화폐들

화폐 덕분에 물건을 사고파는 일이 수월해졌다. 화폐는 서로 합의한 가치를 지녔고, 갖고 다니기도 편했다.

1. 금과 은 수천 년 동안 화폐의 재료로 쓰인 것은 금이나 은 같은 금속이었다. 2011년 오스트레일리아에서 순금으로 만든 캥거루 1톤 금화는 세계에서 가장 가치가 높은 금속 화폐로, 한 개의 값이 4000만 달러가 넘는다.

2. 종이 지폐는 1000년 전에 중국에서 최초로 사용되었다. 오늘날 지폐는 거의 면의 섬유나 플라스틱인 폴리머로 만든다.

3. 돌 태평양 미크로네시아 연방의 얍 섬에서는 커다란 돌을 화폐로 사용한다. 크고도 둥근 석회석으로 만든 화폐로, 큰 것은 무게가 4톤이나 나간다.

4. 조개껍데기 조개나 고둥의 껍데기는 화폐의 가장 오래된 형태이다. 아프리카에서는 기원전 1200년부터 고둥의 한 종인 개오지의 껍데기를 화폐로 사용했다. 아메리카 원주민들은 조개껍데기 목걸이로 물건을 사기도 했다.

도움말 주신 전문가: 실바나 텐레이로 함께 보아요: 지구의 풍요로운 자원, 2권 28~29쪽; 옷과 장식, 5권 20~21쪽; 일, 5권 42~43쪽; 대공황의 발생, 7권 36~37쪽; 엄청난 부자, 8권 18~19쪽

가상 화폐

다른 형태의 화폐와는 달리 비트코인이나 이더리움같은 가상 화폐는 정부나 은행과는 아무 관계가 없다. 가상 화폐는 관심 있는 사람들이 가치가 있는 것으로 취급하기로 합의했기 때문에 가치가 있을 뿐이다. 가상 화폐는 벌써 2000종이 넘게 있고, 계속 더 만들어지고 있다. 가상 화폐를 '암호 화폐'라고도 한다.

이자란 무엇일까?

돈을 은행에 예금하면 돈을 벌 수 있다. 예금한 돈에 대하여 이자를 받기 때문이다. '이자'는 은행에 넣은 금액을 기준으로 계산한다. 은행은 우리가 은행에 저금한 돈을 쓰는 대가로 이자를 지급한다. 은행은 그 돈을 다른 사람이나 기업에 빌려주고, 빌려준 돈에 대해 이자를 받는다. '복리이자'는 예금한 돈과 예금한 기간에 붙는 이자를 합한 금액에 대해서 다시 지급하는 이자를 말한다.

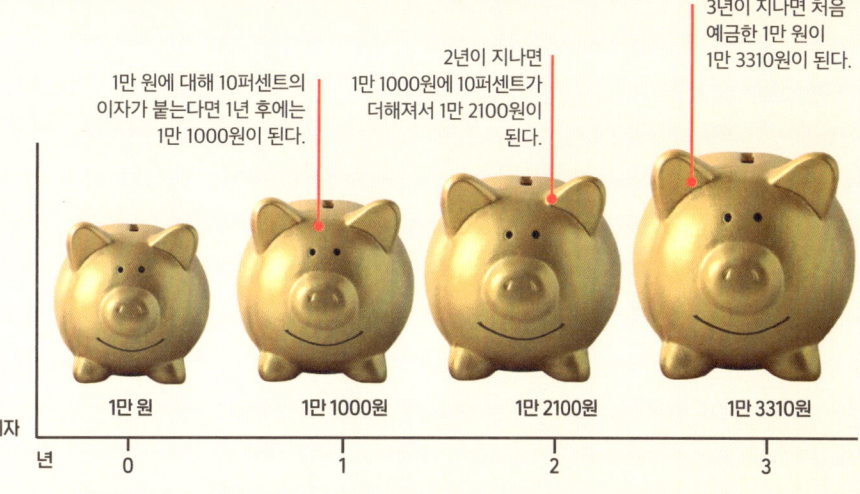

1만 원에 대해 10퍼센트의 이자가 붙는다면 1년 후에는 1만 1000원이 된다.

2년이 지나면 1만 1000원에 10퍼센트가 더해져서 1만 2100원이 된다.

3년이 지나면 처음 예금한 1만 원이 1만 3310원이 된다.

주식

주식은 회사의 주인이 갖고 있는 권리를 작게 나눈 것이다. 큰 회사의 주식은 사거나 팔 수가 있다. 회사의 주식을 사면 부분적으로 회사의 주인이 되기 때문에, 회사가 수익을 내면 수익의 일부를 나누어 받을 수 있다. 주식은 증권 거래소에서 사고판다. 뉴욕 증권 거래소는 세계에서 가장 큰 증권 시장이다. 1792년에 증권 거래인 24명이 월 스트리트에 있는 한 나무 아래에서 모인 것이 뉴욕 증권 거래소의 시작이었다. 주식과 채권은 다르다. 기업의 채권을 사면 기업에 돈을 빌려주는 것이 된다. 채권은 기업이 빌렸던 돈을 이자와 함께 돌려주겠다는 약속을 말한다.

사실은!

2009년 짐바브웨에서 발행한 100조 달러짜리 지폐에는 지금까지 발행된 지폐 중에 0이 가장 많이 붙어있다. 짐바브웨는 최악의 인플레이션 때문에 이런 화폐를 발행해야 했다. 물가가 오르면 가지고 있는 돈의 가치는 떨어진다. 화장실 휴지 한 개가 14만 5000달러라면, 10달러짜리 지폐로는 아무것도 살 수 없게 된다.

범죄와 법

나라마다 지켜야 할 규칙을 모아놓은 법이 있다. 법은 국민이 서로 잘 지내도록 돕기 위해서 만든다. 법을 어기는 행위를 '범죄'라고 한다. 나라마다 고유의 법이 있기 때문에, 범죄에 해당하는 행위도 나라마다 다르다. 대부분의 나라에서 사람을 죽이는 행위는 심각한 범죄인 '중죄'에 해당한다. 119에 장난 전화를 하거나 금연 장소에서 담배를 피우는 행위도 범죄이지만 덜 심각한 범죄여서 '경범죄'라고 부른다. 여러 사람이 조직을 이루어 함께 저지르는 범죄는 '조직범죄'라고 한다.

초기의 법과 법 제정자

금화에 새겨진 비잔틴 제국의 황제 유스티니아누스 1세는 6세기에 <로마법 대전>이라는 법률 체계를 만들었다. <로마법 대전>은 유럽과 남아메리카, 아시아 일부 지역, 아프리카에서 오늘날까지도 사용되는 법률 체계의 토대가 되었다. 사회의 전통과 관습이 굳어져 법률처럼 쓰이는 것을 말하는 '관습법'은 또 하나의 주요 법률 체계이다. 중세 시대 영국 법원에서 정착되어 영국의 식민지였던 나라와 미국으로 전파되었다.

<마그나 카르타>의 탄생

영어를 주로 쓰는 나라들은 영국에서 제정된 문서인 <마그나 카르타>에 뿌리를 둔 관습법 체계를 따른다. '대헌장'이라고도 하는 <마그나 카르타>는 왕을 포함한 모든 사람들이 법의 적용을 받는다는 원칙을 세웠다. <마그나 카르타>는 같은 신분의 시민들로 구성된 배심원단이 있는 재판을 받을 권리와 같이, '자유민의 권리'라는 개념을 규정한 최초의 문서였다.

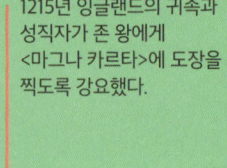

1215년 잉글랜드의 귀족과 성직자가 존 왕에게 <마그나 카르타>에 도장을 찍도록 강요했다.

<마그나 카르타>는 송아지의 가죽을 넓게 펴서 만든 종이에 쓰였다.

도움말 주신 전문가: 잭 스나이더 함께 보아요: 고대 메소포타미아, 6권 10~11쪽; 고대 로마, 6권 38~39쪽; 중세 유럽, 6권 48~49쪽; 북아메리카의 유럽 사람들, 7권 20~21쪽; 아메리카 대륙의 노예 제도, 7권 22~23쪽; 혁명의 시대, 7권 24~25쪽

마녀재판

1300년대부터 1700년대까지, 유럽 여러 나라에서는 4만~6만 명이 억울하게 처형되었다. 성직자들은 악마를 대리하여 행동했다는 이유로 죄가 없는 사람들을 종교재판에 회부했는데, 대부분 재산이 많은 여성들이었다. 1692년 미국 매사추세츠의 세일럼에서 벌어진 마녀재판으로 많이 사람들이 감옥에 갇혔고, 19명은 사형을 당했다. 오늘날에는 이런 재판은 있을 수 없다.

물에 빠뜨릴 수 있는 의자에 앉히면 아무 죄가 없는데도 거짓 자백을 하는 경우가 많았다.

사실은!

닭들은 길을 건너면 안 돼! 미국에서는 주마다 법률이 다르다. 조지아 주 퀏먼 시에는 닭·오리·거위가 거리에 접근하는 것을 금지하는 법이 있다. 닭에 관한 조항은 다른 주의 법률에도 나온다. 미네소타에서 위스콘신으로 향하는 운전자들은 절대로 머리 위에 닭을 얹어두어서는 안 된다는 법도 있다. 뉴질랜드에서는 열기구에 수탉과 함께 타는 것이 불법이었던 적이 있다.

법정에 가다

법정은 법에 관한 판결을 내리는 곳이다. 법정에는 여러 종류가 있다. 절도나 살인 같은 범죄를 다루는 형사 법정이 있고, 사람이나 기업 사이의 다툼을 다루는 민사 법정이 있다. 국제 형사 재판소는 전쟁 범죄와 같은 국제적인 범법 행위를 다룬다. 모든 법정에는 판사가 한 명 이상 있다. 평결을 내릴 배심원단을 두는 경우도 있는데, 보통 12명으로 이루어진다.

- 전형적인 법정의 모습이다. 판사는 법률과 원칙에 따라 판결을 내린다.
- 증인은 사건에 관해 진술하거나 전문가로서의 의견을 제공한다.
- 변호사는 법정에 있는 피고나 원고를 대리한다.
- 배심원단은 양측의 주장을 듣고 어떤 평결을 내릴지 결정한다.

처벌을 하는 5가지 이유

처벌의 목적은 무엇일까? 범죄자들을 처벌하는 이유에 관한 기본적인 이론이 5가지 있다.

1. 억제 처벌은 범죄자에게 다른 범죄를 저지르지 않도록 한다. 다른 사람들에게는 본보기가 되어 같은 범죄를 저지르지 않도록 한다.

2. 보호 범죄자를 사회에서 격리한다. 감옥에 가두어 두면 다른 사람들이 범죄자의 범죄 대상이 되지 않도록 보호할 수 있다.

3. 응보 범죄자가 저지른 범죄에 해당하는 벌을 주어, 범죄자가 다시는 범죄를 저지르지 않도록 한다.

4. 배상 범죄자가 피해자나 사회에 대가를 치르도록 하는 것이 목적이다. 범죄자에게 벌금을 내도록 하는 벌금형도 배상의 한 방법이다.

5. 교화 범죄자들을 다시 교육하여 법을 준수하는 시민으로 변화시키는 것이 목적이다.

전문가의 한마디!

잭 스나이더
정치학자

스나이더 교수는 비인도적인 범죄를 저지른 사람이라면 한 국가의 통치자도 재판을 받게 할 수 있는 국제 형사 재판소에 관해 연구한다. 세계 곳곳에서 법이 불공정하거나 약하게 집행되는 경우가 있기 때문에, 법률·경찰·법정을 더 좋게 만들기 위해서 공동체가 함께 협력해야 한다고 생각한다.

> 사람들이 서로 돕게 하려면 공정하게 집행되는 좋은 법이 있어야 합니다.

교육

고대 이집트에는 세계 최초의 학교가 있었다. 대부분 남학생이었고, 읽기·수학·과학과 같은 과목을 공부했다. 모든 문화에서 교육은 언제나 핵심적인 역할을 했다. 교육은 지식을 얻고 세상에 대한 이해를 넓힐 수 있는 길이다. 1948년에 작성된 <세계 인권 선언>에서도 교육의 중요성을 밝히면서, 모든 사람이 무상 초등 교육을 비롯해 교육을 받을 권리가 있다고 강조했다.

고등 교육

오늘날의 대학은 몇백 년 전에 세워진 학교들이 발전한 것이다. 멕시코 국립 자치 대학교는 현대적인 건물로 바뀌었지만 1551년에 설립되었다. 음악·경영·교육·의학·법학과 같이 다양한 전문 분야의 강의를 들을 수 있는 단과 대학이나 전문 대학원도 고등 교육 기관에 속한다.

교육을 평등하게

세계 곳곳에서 6~17세 소녀들 1억 3000만 명이 학교에 다니지 못하고 있다. 같은 지역의 소년들은 학교에 다니고 있지만, 소녀들은 집에서 가족을 돕기 위해 학교를 떠나기도 하고, 학교에 전혀 다닌 적이 없어 읽고 쓰지 못하기도 한다. 세계의 여러 단체에서 이런 현실을 바꾸기 위해 열심히 노력하고 있다. 소녀들이 학교에 다닐 수 있게 되면 더 건강하게 살고, 보다 전문적인 기술이 필요한 직업을 얻어서 공동체와 사회에 더 큰 공헌을 할 수 있을 것이다.

교육의 힘

교육은 개인과 사회에 여러 가지 혜택을 준다.

1. 가난을 덜어 준다. 학자들은 기본적인 읽기와 쓰기를 할 수만 있어도 백만 명 이상이 가난에서 벗어날 수 있다고 말한다. 보수가 더 좋은 직업을 가질 수 있고, 정부에 더 많은 세금을 낼 수 있게 된다. 정부는 늘어난 세금을 사회 전체에 혜택을 주는 데 쓸 수 있다.

2. 경제를 활성화한다. 교육은 사회 변화에 따라 기업이 새롭게 바뀌는 데 도움이 되고, 새로운 일자리를 만들거나 더 좋은 일자리를 제공할 수 있도록 하여 경제가 활발하게 움직이도록 한다.

3. 사회성을 길러준다. 어린이들은 교육을 받는 과정에서 다른 어린이들과 함께 협력하는 법을 배우고, 다양한 생각의 차이가 있다는 것도 알게 된다. 교육을 통해 사회에 적응하며 참여하는 법을 배운다.

4. 자기 관리를 더 잘 할 수 있도록 해 준다. 고등 교육을 받으면 시간을 관리하고 자신을 책임지는 법을 알게 된다. 자신이 속한 공동체와 사회에서 자신의 몫을 다하는 사람으로 자라게 된다.

5. 평등한 사회로 나아가게 한다. 교육은 부자이든 가난하든, 어떤 지역과 환경에서 태어났든, 모든 사람에게 평등하게 자신의 꿈을 달성할 기회를 준다.

6. 시야를 넓혀준다. 교육을 받으면 세상에 다양한 지식과 관점이 있다는 것을 알게 되고, 다른 사람들을 잘 이해하게 되면서 세상을 보는 눈이 넓어진다.

7. 자신의 삶을 이끌어갈 능력을 준다. 교육은 생각하고, 질문하고, 행동하게 만든다. 스스로 선택권을 가지고 자신의 삶을 이끌어갈 수 있게 해준다.

도움말 주신 전문가: 잭 스나이더 함께 보아요: 뇌, 5권 12~13쪽; 언어와 이야기, 5권 26~27쪽; 읽기와 쓰기, 5권 28~29쪽; 일, 5권 42~43쪽; 고대 이집트, 6권 16~17쪽; 이슬람교의 황금기, 6권 46~47쪽; 르네상스, 7권 8~9쪽; 새로운 갈등, 새로운 희망, 7권 46~47쪽

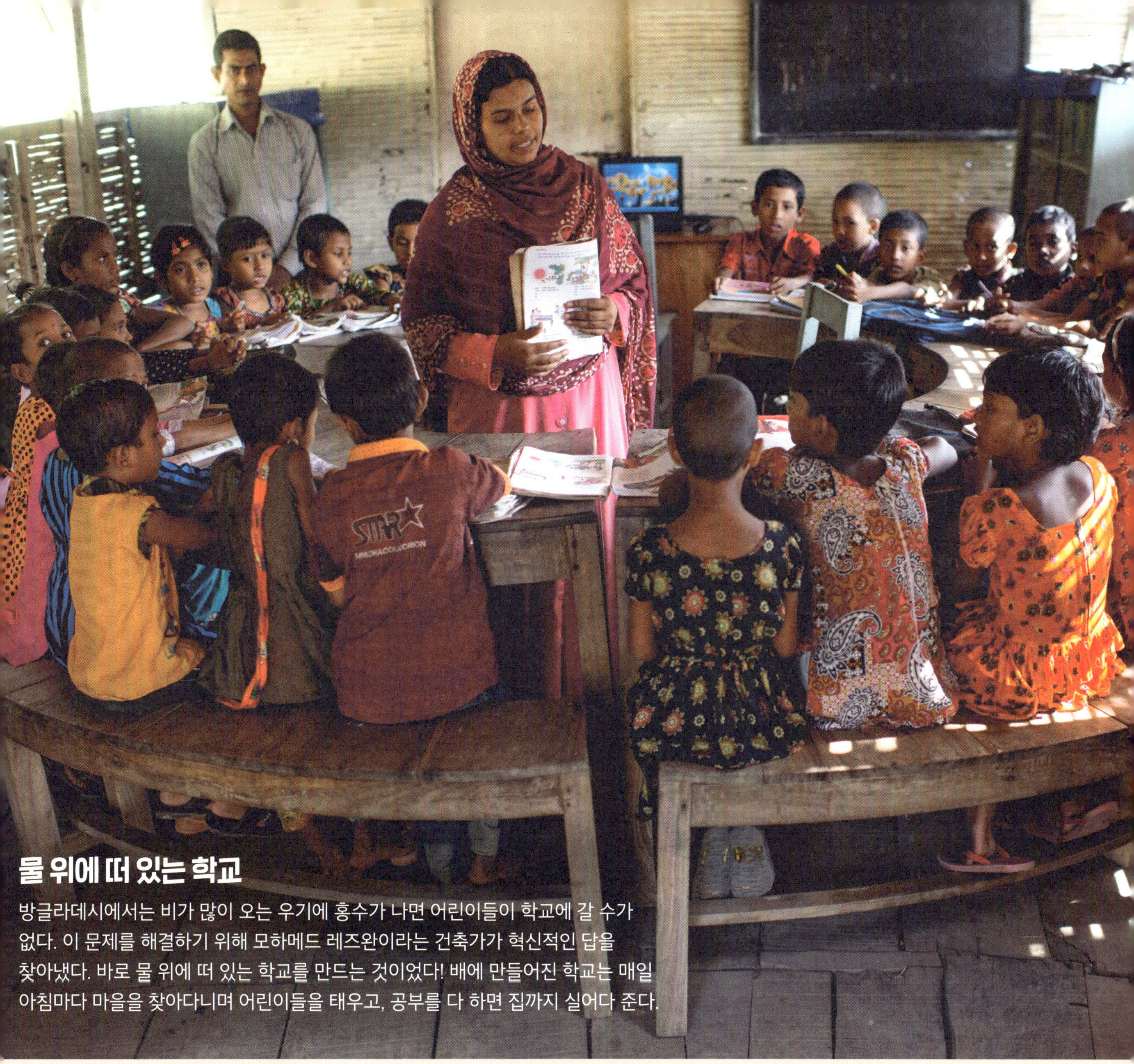

물 위에 떠 있는 학교

방글라데시에서는 비가 많이 오는 우기에 홍수가 나면 어린이들이 학교에 갈 수가 없다. 이 문제를 해결하기 위해 모하메드 레즈완이라는 건축가가 혁신적인 답을 찾아냈다. 바로 물 위에 떠 있는 학교를 만드는 것이었다! 배에 만들어진 학교는 매일 아침마다 마을을 찾아다니며 어린이들을 태우고, 공부를 다 하면 집까지 실어다 준다.

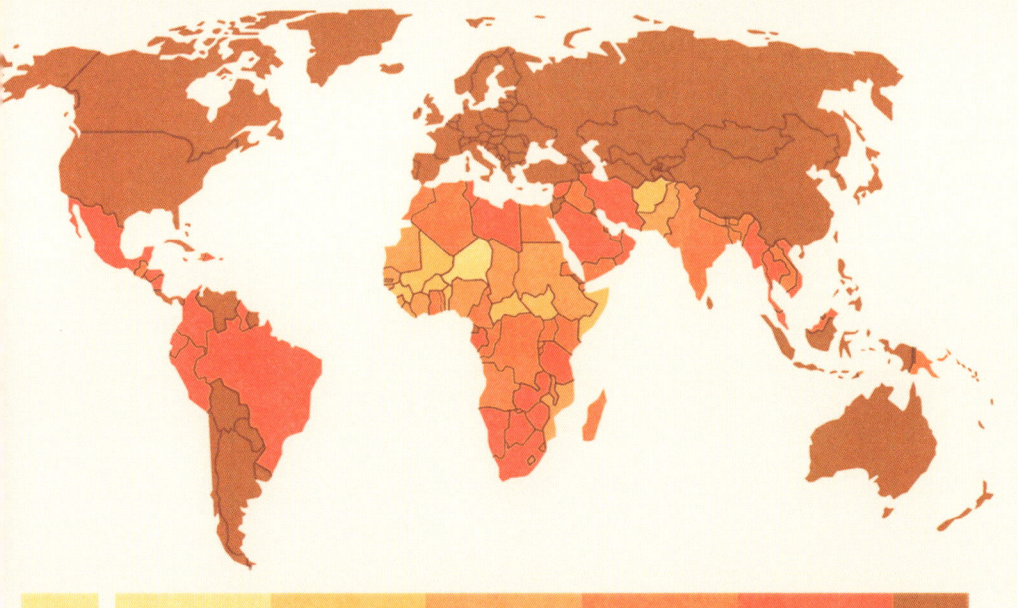

글을 읽고 쓸 줄 아는 능력

글을 읽고 쓸 줄 아는 능력은 교육받을 기회가 있느냐에 따라 크게 달라진다. 이 지도는 세계 여러 나라에 글을 읽고 쓸 줄 아는 사람들이 몇 퍼센트나 되는지 보여준다.

자료없음 0% 20% 40% 60% 80% 95% 100%

변화하는 직업 시장

용접은 전문적인 기술이 필요한 일이지만, 위험하고 소음이 몹시 크게 나는 일이기도 하다. 그래서 최근에 용접공 훈련을 받으려는 사람이 적어졌는지도 모른다. 여러 이유로 기술 인력이 부족해진다. 사람들이 직업을 선택하는 이유에는 보수와 근무 조건 말고도 여러 요소가 있다.

일

사람들은 대개 음식이나 집, 필요한 물건을 마련할 돈을 벌기 위해 일을 하지만, 자신이 좋아하는 분야에서 일을 하는 사람들도 있다. 컴퓨터를 만드는 사람도 있고, 고층 빌딩을 짓는 사람도 있다. 환자를 치료하기도 하고, 요리를 만들기도 한다. 청소를 하거나 상점에서 일한다. 발명가들은 놀라운 물건을 선보이고, 과학자들은 우리가 세상을 더 잘 이해할 수 있도록 해준다. 예술가들은 삶을 더욱 즐겁게 해주는 작품을 창작한다.

어린이 노동

전 세계의 1억 5000만 명이 넘는 어린이들이 집안 살림을 돕기 위해 일을 한다. 많은 어린이가 공장이나 광산에서 위험한 일을 하는데, 대부분 학교에 가지 못한다. 부유한 나라에서는 어린이의 노동을 불법으로 규정했다. 국제 연합 아동 기금 같은 국제기구들은 세계 곳곳의 어린이 노동을 없애기 위해 노력하고 있다.

도움말 주신 전문가: 실바나 텐레이로 함께 보아요: 지구의 풍요로운 자원, 2권 28~29쪽; 화폐, 5권 36~37쪽; 교육, 5권 40~41쪽; 아메리카 대륙의 노예 제도, 7권 22~23쪽; 산업 혁명, 7권 28~29쪽; 무엇이든 싣고 어디로든 간다, 8권 8~9쪽; 불평등, 8권 10~11쪽; 현대의 전투, 8권 16~17쪽

보수를 받지 않고 일하기

돈을 받지 않고 일하는 사람들도 있다. 돈을 받지 않고 일하는 것을 '자원봉사'라고 한다. 마을 축구팀의 코치가 되어 다른 이들을 돕거나, 콩고 민주 공화국의 동물 보호소 일을 돕는 사진 속의 여성처럼 큰 뜻을 위해 봉사하는 경우도 있다. 공동체 내의 사람들이 서로 돕기 위해 자원봉사의 방식으로 전문 기술을 제공하기도 한다. 생계를 위해 선택할 직업을 미리 겪어 보려고 자원봉사를 하는 경우도 있다.

밝혀지지 않은 이야기

미래의 직업

오늘날 어떤 일은 기계가 처리할 수 있다. 공장에서 무거운 짐을 싣는 일 같은 것이 그렇다. 인류의 역사를 돌이켜보면, 새로운 기술이 나올 때마다 새로운 직업과 능력이 필요해졌고, 쓰이지 않는 오래된 직업은 사라졌다. 인공 지능은 고도로 숙련된 직업도 앞으로는 필요가 없게 만들어 버릴 수도 있다. 이미 의료용 로봇이 외과 의사들의 수술을 돕고 있다.

로봇 팔이 물건을 들어 판 위에 올린다.

컴퓨터가 포장한 물건의 바코드를 스캔하거나 크기와 무게를 재고, 개수를 센다.

로봇은 지치지 않고 똑같은 일을 계속 반복할 수 있다.

일하면서 배우기

어떤 일을 잘하게 되려면 그 일을 실제로 해보면서 훈련을 받아야 한다. 요리사가 되고 싶은 사람은 보통 요리 학원에 다닌다. 경력이 많은 요리사의 수습으로 일하게 될 수도 있다. 수습은 전문가와 함께 일을 하면서 기술이나 공예 기법을 배우는 사람이다.

개 사료 시식 전문가!

동물을 키우는 사람들은 최고의 사료를 주고 싶어 한다. 그래서 많은 반려동물 사료 회사에서는 정말 맛있고 영양가 있는 제품을 만들기 위해 사람이 제품을 검사해 보도록 한다. 그러나 대부분 삼키지는 않고 뱉어버린다. 경력이 있는 시식 전문가들은 새 사료 조리법 개발을 돕는 일을 하면서 더 많은 보수를 받을 수 있다.

게임과 스포츠

게임과 스포츠에 대한 우리의 사랑은 적어도 5000년 전부터 시작되었다. 처음에는 사냥꾼이나 전사들을 훈련하기 위한 목적으로 만들어졌지만 나중에는 다른 사람들이 관전하는 특별한 행사로 바뀌게 되었다. 스포츠와 게임은 공정한 경쟁과 승부를 통해 사람들이 원하는 여러 가지를 충족시킨다. 개인끼리든 집단으로 나누어서든 비폭력적으로 겨루는 과정에서 서로 소통하고 즐기는 가운데, 신체적·정신적인 능력을 시험해 보고 더 나아지도록 노력하게 된다.

최초의 축구

축구와 비슷한 경기가 2000년 전에 중국에 있었다. '공을 찬다'는 뜻의 '축국'이라는 경기로, 두 팀으로 나누어서 했고, 남녀 모두 참여했다. 공을 그물로 된 골대로 차넣으면 점수를 얻었다. 중국 군대에서는 축국을 훈련에 이용해 병사들의 신체를 단련했는데 굉장히 인기가 있었다. 현대의 축구 경기는 이와는 별도로 1300년대에 유럽에서 탄생했다.

사실은!

월드컵 대회에 참가한 축구 선수들은 한 경기에서 15킬로미터 정도를 달린다. 올림픽 경기장 육상 트랙을 거의 38바퀴 도는 것과 같다. 평균적으로 축구 선수들은 한 경기에서 11킬로미터를 달린다. 모든 스포츠 선수들 가운데 가장 많이 뛰는 것이다.

당시의 공은 동물털이나 깃털을 가죽으로 싸서 만든 것이었다.

선수들과 각 팀의 주장은 심판을 뽑아 경기가 공정하게 치러지도록 했다.

도움말 주신 전문가: 마틴 폴리 함께 보아요: 에너지, 3권 28~29쪽; 인간이 되다, 5권 6~7쪽; 사람의 몸, 5권 8~9쪽; 뇌, 5권 12~13쪽; 음식과 조리, 5권 18~19쪽; 고대 이집트, 6권 16~17쪽; 올멕과 마야, 6권 26~27쪽

왕의 게임

5000년 전 고대 이집트에는 세네트라는 게임이 있었다. 투탕카멘을 비롯한 이집트의 왕 파라오들도 이 게임을 즐겨 했다. 5~7개의 말을 작은 보드 위의 네모 칸 주변으로 움직여서 하는 게임이었다. 게임이 더 발전하면서 그 네모 칸들 속에는 그림과 기호로 뜻을 나타내는 문자인 상형 문자로 된 설명이 들어갔다. 이집트인들은 사후 세계가 있다고 믿었고, 몇몇 사각형에는 이 게임을 하는 사람에게 주는 사후 세계에 대한 도움말이 들어있었다. 투탕카멘의 무덤에는 세네트 상자가 5개 이상 함께 묻혀 있다. 세네트는 또 다른 인기 보드게임인 백개먼의 조상뻘이라고 할 수 있다.

레슬링

이 두 명의 고대 그리스인들은 레슬링을 하고 있다. 다른 모든 그리스 선수들과 마찬가지로 이들도 발가벗었다. 두 명이 맨 몸으로 서로 겨뤄 승부를 겨루는 방식인 레슬링은 세계에서 가장 오래되고 여전히 성행하는 스포츠이다. 기원전 708년 고대 올림픽 종목이 되었고, 1896년에는 근대 올림픽의 종목이 되었다. 오늘날에는 그레코로만형 레슬링, 프리 스타일 레슬링, 프로 레슬링이 있다. 한국의 씨름이나 일본의 스모도 넓은 의미의 레슬링과 같은 종목이다.

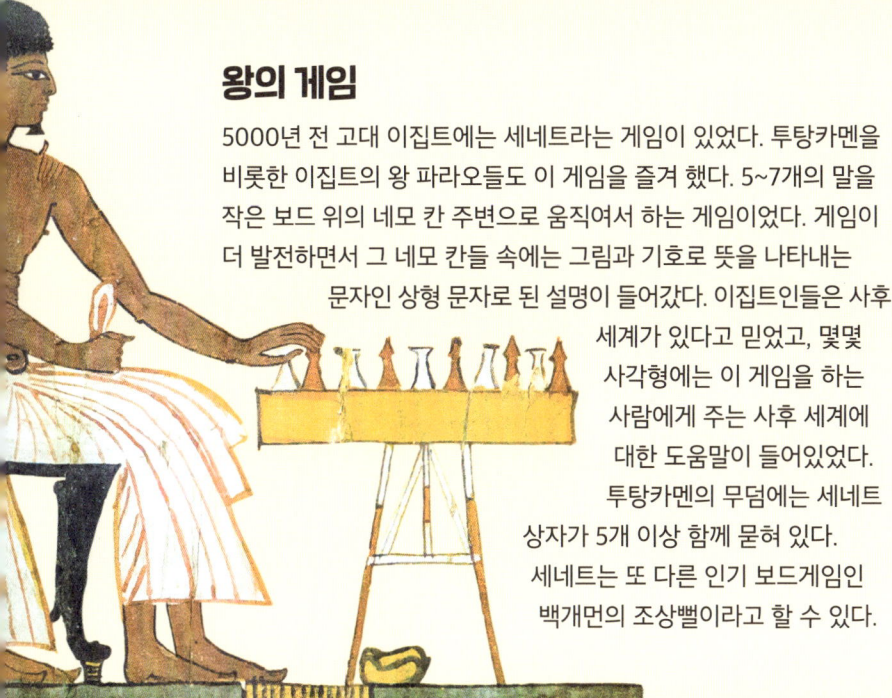

의족, 보철구, 생체 공학

경기용 의족과 같은 보철구가 발명되면서 장애가 있는 선수들도 높은 수준의 경쟁을 할 수 있게 되었다. '보철구'는 장애가 있는 사람의 활동이나 기능을 돕는 보조 기구를 말한다. 경기용 의족은 1970년대에 처음 개발되었는데, 튼튼하면서도 가벼우며 사람의 머리카락보다도 가느다란 탄소 섬유 80겹으로 만들어졌다. 인공 팔이나 인공 다리와 같은 보철구를 착용하고 수영이나 등산과 같은 스포츠를 하는 선수들도 있다. 미래에는 스포츠에서 뇌의 신호를 이용해 컴퓨터로 작동하는 생체 공학적인 보철구를 착용할 수도 있을 것이다.

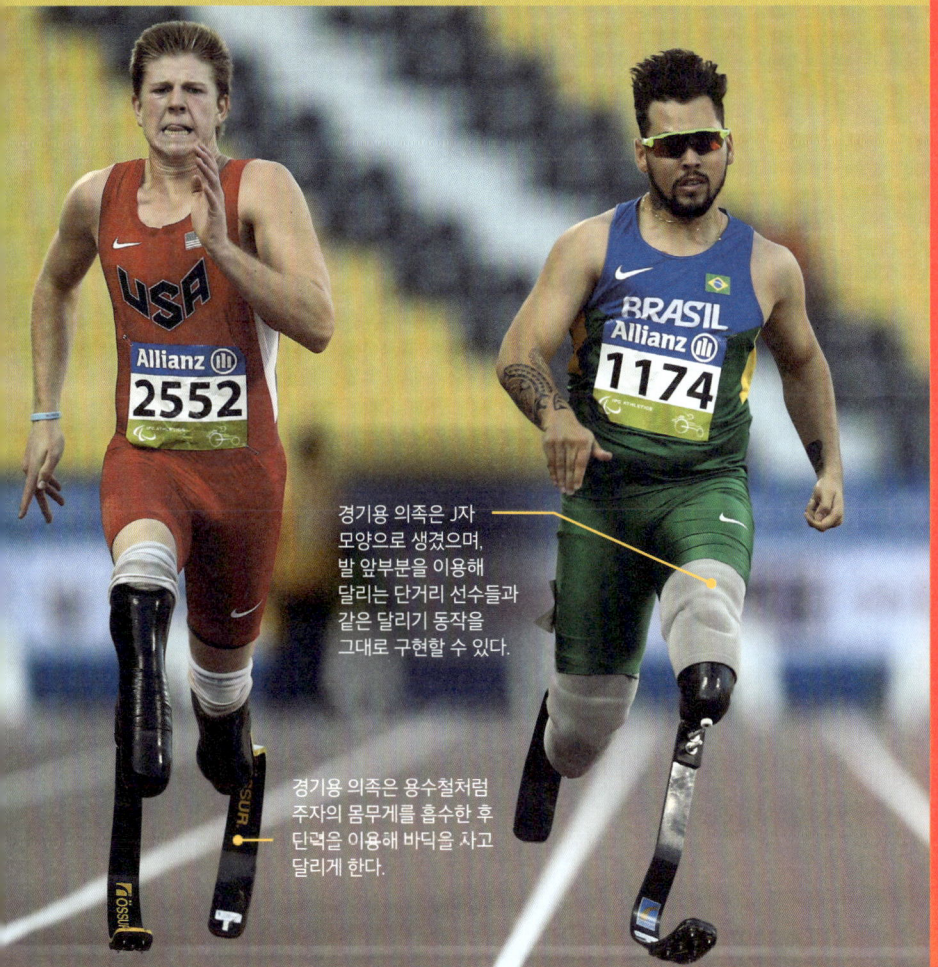

경기용 의족은 J자 모양으로 생겼으며, 발 앞부분을 이용해 달리는 단거리 선수들과 같은 달리기 동작을 그대로 구현할 수 있다.

경기용 의족은 용수철처럼 주자의 몸무게를 흡수한 후 탄력을 이용해 바닥을 차고 달리게 한다.

올림픽에 출전한 어린이 선수들

어린이 선수들이 올림픽 대회에서 어른 선수들과 겨뤄 메달을 따고 신기록을 세웠다. 올림픽 대회에서 가장 어린 나이로 메달을 받은 선수들이다.

1. 디미트리오스 룬드라스, 10세
그리스의 체조선수로, 1896년에 출전해 단체 평행봉 종목에서 동메달을 땄다.

2. 잉게 쇠렌센, 12세
덴마크 출신의 쇠렌센은 1936년 200미터 평영 종목에서 동메달을 땄다.

3. 김윤미, 13세
대한민국의 김윤미는 1994년 스피드 스케이트 3000미터 계주 종목에서 금메달을 땄다.

4. 마조리 게스트링, 13세
미국의 마조리 게스트링은 1936년 3미터 스프링보드 다이빙에서 금메달을 땄다.

5. 나디아 코마네치, 14세
루마니아의 나디아 코마네치는 1976년 체조 종목에서 올림픽 사상 최초로 10점 만점을 받았으며, 한 대회에서 금메달 3개, 은메달 1개, 동메달 1개를 땄다.

중국의 새해

중국의 새해는 폭죽놀이, 거리마다 줄지어 매달아 놓은 빨간 등불, 화려한 행렬이 이어지는 '춘절'이라는 축제로 시작된다. 축제는 15일 동안 계속되며, 행렬의 한가운데에서는 행운의 상징인 거대한 용이 여러 개의 긴 막대로 조정되어 춤을 추면서 이동한다. 이 축제는 음력 1월 1일부터 시작하는데 일반적으로 사용하는 그레고리 달력으로는 1월 하순에서 2월에 걸쳐 진행된다.

용의 몸은 여러 동물의 부위로 이루어져 있기 때문에 뿔과 발톱도 달려있다.

중국의 용은 길이가 100미터에 이른다!

도움말 주신 전문가: 미셸 더피 **함께 보아요:** 위성, 1권 34~35쪽; 로켓, 1권 40~41쪽; 연소, 3권 14~15쪽; 달력, 5권 34~35쪽; 중국 최초의 왕조, 6권 14~15쪽; 고대 메소포타미아, 6권 10~11쪽; 고대 이집트, 6권 16~17쪽; 페르시아 제국, 6권 28~29쪽

축제

세계 어느 나라에서나 축제를 맞으면 춤과 음악을 즐기고, 맛있는 음식을 마음껏 먹는다. 축제는 가족이나 마을 공동체, 때로는 더 큰 규모로 모여서 전통 문화를 기념하거나, 종교적으로 중요한 날을 축하하거나, 계절을 기념하는 행사이다. 기도나 단식 전이나 후에 여는 축제도 있지만, 거의 모든 축제는 일상에서 벗어나 삶을 즐기는 갖가지 행사로 이루어진다. 미국 루이지애나 주 뉴올리언스의 마디 그라 축제처럼 큰 행사에는 수천 명이 참여한다.

세계의 새해 축제

많은 이들에게 새해는 새로운 출발을 의미한다. 새해 첫날이 꼭 1월 1일에만 시작하는 것은 아니다. 달력이 다른 나라에서는 새해가 시작되는 날도 다르다.

1. 디왈리는 힌두교의 새해로 10월 말이나 11월에 5일 동안 빛의 축제가 열린다.

2. 유대인들의 새해는 9월 5일에서 10월 5일 사이에 유대력의 1월인 티슈리의 첫날, **로쉬 하샤나**라는 경건한 휴일로 시작한다.

3. 이슬람교도의 신성한 날인 **무하람**은 이슬람의 설날로, 이슬람력의 첫 번째 달 첫날이다. 이슬람력에서는 계절과 날짜가 해마다 조금씩 달라진다.

4. 송끄란은 태국 불교도의 새해 휴일로, 4월 13~15일에 물의 축제를 열어 기념한다.

5. 쇼가쓰는 일본의 새해 명절이다. 매년 1월 1일이며 새해를 맞아 즐거운 새 출발을 서로 축하한다. 새해 축제는 일주일 동안 계속되기도 한다!

6. 호그머네이는 스코틀랜드의 섣달 그믐날 행사를 말한다. 12월 30일부터 시작되는데, 3일간 축제를 하며 새해를 맞이한다.

7. 누루즈는 페르시아의 새해로 3월 21일이며, 이란·인도와 같은 나라에서 기념한다.

8. 엔쿠타타쉬는 에티오피아의 새해로, 찬송과 기도를 하고 화려한 행렬을 선보인다. 우기가 끝나는 9월에 들어있다.

9. 가히는 '작물이 성장하는 철이 지났다'는 뜻으로, 북아메리카 원주민 나바호족의 새해이다. 10월에 들어있다. 다른 북아메리카 원주민 부족처럼 나바호족도 계절에 따라 새해를 정한다.

10. 설날은 대한민국의 전통적인 새해 명절로, 중국과 같이 음력 1월 1일이다. 차례를 지내고 성묘를 하며, 어른들에게 세배를 올린다. 첫날 아침에는 대개 떡국을 먹는다.

용의 수염 색깔인 빨간색은 행운의 색으로 통하며, 불운을 막아준다고 한다.

세상을 떠난 이들을 추모하는 날

멕시코 사람들은 10월 31일부터 3일 동안 '죽은 자들의 날'을 기념한다. 세상을 떠난 사랑하는 가족을 기억하며 제단을 만들고 행진을 한다. 음식과 해골 모양 장난감으로 죽은 이들의 영혼을 기린다.

죽음의 의식

세계 여러 문화마다 인생의 마지막 순간에 경의를 표하는 특별한 방식이 있다. 장례식과 같은 죽음의 의식은 고인을 애도하고 기리는 시간이다. 이런 의식은 대부분 종교적인 전통에서 비롯된다. 힌두교에서는 고인을 화장하는데, 이렇게 하면 혼이 풀려나 다시 태어난다고 믿기 때문이다. 유대교 가정에서는 '시바'라고 하는 애도 기간 7일 동안 상복을 입은 채 애도하고, 기도하고, 고인을 추모한다.

고대의 묘지

고인돌이라고 하는 바위 무덤들은 영국에 있는 것처럼 거의 6000년 전인 초기 신석기 시대의 유물이다. 이 무덤들은 전 세계에서 발견되지만 특히 한반도와 유럽에서 많이 볼 수 있다. 이스라엘의 카프제에 있는 바위 동굴은 9만 년 전 사람이 묻힌 무덤으로 밝혀져, 가장 오래된 묘지라고 알려져 있다.

도움말 주신 전문가: 니콜라 라네리 **함께 보아요:** 지구의 탄생, 2권 6~7쪽; 생물의 기원, 4권 6~7쪽; 고대 이집트, 6권 16~17쪽; 스톤헨지, 6권 12~13쪽; 고대의 신들, 6권 18~19쪽; 고대 아프리카 왕국, 6권 42~43쪽; 중세 유럽, 6권 48~49쪽; 아즈텍 문명과 잉카 문명, 7권 10~11쪽

사실은!
루마니아에는 '즐거운' 공동묘지가 있다.
이곳에는 알록달록하게 색칠된 나무 십자가가 800여 개 있다. 서픈차 마을의 스탄 퍼트라슈는 14살 때부터 십자가를 깎아 만들기 시작했다. 십자가에는 그 무덤에 묻힌 고인의 일생에 관한 그림과 유머러스한 시를 그려 넣었다.

고인에게 주는 선물
어떤 문화권에서는 무덤으로 음식과 선물을 가지고 가서 고인을 기린다. 중국에서는 꽃과 '지전'이라고 하는 가짜 지폐를 태우기도 하는데, 고인이 사후 세계에서 이 돈을 쓰도록 하기 위해서이다. 네팔에서는 고인의 영전에 초, 쌀, 꽃을 바친다.

코브라와 독수리는 투탕카멘을 보호해줄 여신들을 나타낸다.

지팡이는 양 떼를 이끌어 가는 양치기와 같은 투탕카멘의 통치권을 상징한다.

지팡이와 함께 다른 손에 늘 들고 있는 도리깨는 파라오의 권력을 나타낸다. 지팡이와 도리깨는 둘 다 오시리스의 상징이다. 오시리스는 고대 이집트 신화에 나오는 풍요와 농업의 신으로 죽은 사람을 다시 깨운다고 한다.

파라오의 시신은 관 속의 관에 들어 있다. 이 두 번째 관은 상형문자로 화려하게 장식되어 있다.

사후 세계
고대 이집트의 파라오 투탕카멘의 관은 3개인데, 큰 관 속에 작은 관이, 작은 관 속에 더 작은 관이 들어 있다. 관마다 사후 세계에서 투탕카멘을 지켜줄 상징적인 기호들이 가득하다. 사람들은 사후 세계에서 투탕카멘이 영원히 살 것이라고 믿었다. 인류의 오랜 역사 동안 많은 종교에서 영혼 같은 사람의 일부는 영원히 산다고 믿었다. 영혼은 고대 이집트에서 믿었던 사후 세계나 그리스도교에서 말하는 천국처럼 따로 떨어진 다른 장소에 존재할 수도 있고, 힌두교에서처럼 지구에 새로운 몸으로 환생할 수도 있다.

전문가에게 물어봐!

프라비나 슈클라
민속학자

무엇을 가장 발견하고 싶으세요?
사람들이 일상 속에서 무엇을 아름답다고 느끼는지, 어떤 종류의 예술적 활동에 참여하는지 알고 싶어요. 우리는 모두 생활에 즐거움을 더하는데, 즐거움은 정원을 가꾸는 일일 수도 있고 요리나 바느질일 수도 있어요. 목공이나 노래, 농담일 수도 있지요. 예술이 무엇인가에 대해 좀 더 넓게 생각해 보면, 사실 우리는 모두 예술적인 재능을 갖고 있는 거예요.

연구하시면서 즐거운 일이 있다면요?
세상 사람들은 대부분 글로 쓴 기록을 남기지는 않아요. 하지만 누구나 자기 삶의 '역사'에 대해서는 서로 대화를 잘 나눌 수 있죠. 가족이라든가 예배, 일 같은 매일의 일상을 설명하다 보면 그 일상 속 사람들과 그들이 태어난 곳에 대한 역사의식을 쌓아가게 될 거예요.

지나 줄로
역사학자

무엇을 연구하세요?
세계의 종교에 관해 연구해요. 나는 왜 사람들이 어떤 종교를 가지게 되었는지 생각해 보는 게 정말로 재미있어요. 어떤 휴일을 기념하고 어떤 특별한 의식을 치르는지, 종교를 통해서 어떻게 공동체에 봉사하는지 살펴보면서 사람들 사이의 차이점을 발견하는 게 참 좋아요.

선생님 분야에서 놀라운 사실이 있다면 뭘까요?
이 세상이 매일 점점 더 종교적으로 변해가고 있다는 걸 대부분 실감하지 못하고 있어요. 이슬람교·불교·바하이교·그리스도교·힌두교는 점점 성장하고 있지, 축소되고 있지는 않거든요. 세상 사람들 대부분의 생활은 종교적인 휴일, 의식, 믿음, 그리고 예배를 중심으로 짜여 있죠. 그래서 내 일이 해볼 만한 보람이 있는 거고요.

마틴 폴리
스포츠 역사학자

어떻게 해서 스포츠 역사학에 관심을 가지게 되셨나요?
어릴 때부터 스포츠를 굉장히 좋아했고, 늘 스포츠의 과거에 관한 이야기에 푹 빠져 지냈어요. 그렇게 많은 스포츠가 저마다 클럽 애칭이나 고유 색깔 같은 오랜 전통을 지니게 되는 과정이 정말 재미있어요. 스포츠 역사학 교수가 된 덕분에, 과거의 스포츠가 어떻게, 언제 그곳에서 생겨나서 공동체 사람들이 즐겁게 되었는지 더 깊이 파고들 수 있게 되었죠.

선생님 분야에서 아직 풀리지 않은 문제는 무엇일까요?
사람들은 늘 어떻게 스포츠가 발명되었는지 정확하게 알고 싶어 하지만, 대부분 그렇게 뿅! 하고 마술처럼 갑자기 생겨난 건 아니었어요. 스포츠는 오랜 시간에 걸쳐 점점 발전하는 경향이 있답니다. 여러 스포츠와 게임의 기원은 많은 역사학자가 연구하는 중요한 주제예요.

선생님 분야에서 놀라운 사실이 있다면 뭘까요?
초기 운동선수들이 스스로 도전해 기록을 세운 이야기들이요. 1809년에 영국 군인 로버트 바클레이 알라디스는 1609킬로미터를 1000시간 동안 걸었어요. 무려 41일간 걸었던 거죠! 이런 깜짝 놀랄 일들이 그 시대에는 많이 있었어요.

퀴즈

1) 1974년 에티오피아에서 발견된 320만 년 전의 해골에 붙인 이름은 무엇인가요?
   - ㄱ. 루시
   - ㄴ. 럭키
   - ㄷ. 룰라
   - ㄹ. 루도

2) 다음 중 인간 종이 아닌 것은 무엇인가요?
   - ㄱ. 네안데르탈인
   - ㄴ. 호모 하빌리스
   - ㄷ. 호모 보노
   - ㄹ. 호모 에렉투스

3) 다음 중 뇌의 감정 통제 센터에 속하지 않는 것은 무엇인가요?
   - ㄱ. 해마
   - ㄴ. 편도체
   - ㄷ. 시상하부
   - ㄹ. 갑상선

4) 감정을 조절하기 위해서 뇌에서 보내는 신경 전달 물질 가운데 잘못된 것은 무엇일까요?
   - ㄱ. 행복을 느끼도록 해주는 세로토닌
   - ㄴ. 좋은 일이 있는 것을 알려주는 도파민
   - ㄷ. 슬플 때 눈물을 흘리도록 하는 아드레날린
   - ㄹ. 스트레스 처리를 돕는 노르에피네프린

5) 젤리 겉에 입히는 코팅제의 원료는 어디서 나오나요?
   - ㄱ. 물고기
   - ㄴ. 곤충
   - ㄷ. 뱀
   - ㄹ. 슬라임

6) 세계에서 생산되는 식량의 3분의 1이 버려지는데, 8억 명이 넘는 사람들은 굶주리고 있다고 해요. 식량 낭비를 멈추는 좋은 방법은 무엇일까요?
   - ㄱ. 상한 음식도 가리지 말고 먹는다.
   - ㄴ. 버려지는 식량만큼 생산하지 않는다.
   - ㄷ. 좋아하는 음식만 찾아 먹는다.
   - ㄹ. 모양이 보기 좋지 않은 식품이라도 사서 먹는다.

7) 고대 로마에서 생산되었던 티리언 퍼플이라고 하는 값비싼 보라색 염료는 무엇으로 만들었나요?
   - ㄱ. 쇠고둥의 점액
   - ㄴ. 비둘기 똥과 무당벌레
   - ㄷ. 조개껍데기와 초콜릿
   - ㄹ. 제왕나비와 버터

8) 국제 연합이 하지 않는 일은 무엇일까요?
   - ㄱ. 세계의 평화와 안전을 유지한다.
   - ㄴ. 범죄자를 찾아서 처벌한다.
   - ㄷ. 사람의 권리를 존중한다.
   - ㄹ. 모든 나라가 번영하도록 돕는다.

9) 수천 년 전 붉은 진흙의 일종인 '석간주'는 무엇에 사용되었나요?
   - ㄱ. 도자기를 만드는 데 사용되었다.
   - ㄴ. 동굴 벽화를 그리는 데 사용되었다.
   - ㄷ. 요리하는 데 사용되었다.
   - ㄹ. 건물을 짓는 데 사용되었다.

10) 2009년 짐바브웨에서는 0이 무려 14개나 들어 있는 100조 달러짜리 지폐를 발행해야 했어요. 무슨 이유 때문이었을까요?
    - ㄱ. 사람들이 0이 많이 든 숫자를 좋아하기 때문이다.
    - ㄴ. 기념으로 간직하려고 발행했기 때문이다.
    - ㄷ. 사실은 돈이 아니고 장난감이었기 때문이다.
    - ㄹ. 물가가 너무 빨리 올라서 돈의 가치가 떨어졌기 때문이다.

11) 6세기에 새로운 법률 체계를 만든 비잔틴 제국의 황제는 누구인가요?
    - ㄱ. 아우구스투스 황제
    - ㄴ. 유스티니아누스 1세
    - ㄷ. 콘스탄틴 대제
    - ㄹ. 네로

12) 2000년 전에 오늘날의 축구와 비슷한 경기가 어느 나라에서 치러졌나요?
    - ㄱ. 잉글랜드
    - ㄴ. 독일
    - ㄷ. 중국
    - ㄹ. 이탈리아

13) 고대 이집트의 '세네트'라는 보드게임과 비슷한, 오늘날의 인기 게임은 무엇일까요?
    - ㄱ. 백개먼
    - ㄴ. 모노폴리
    - ㄷ. 체스
    - ㄹ. 부루마블

14) 로쉬 하샤나, 송끄란, 설날은 모두 어떤 종류의 휴일인가요?
    - ㄱ. 새해를 축하하는 날
    - ㄴ. 유명 인사의 생일
    - ㄷ. 역사적인 사건의 기념일
    - ㄹ. 추수 감사 축제

정답: 1) ㄱ, 2) ㄷ, 3) ㄹ, 4) ㄷ, 5) ㄴ, 6) ㄹ, 7) ㄱ, 8) ㄴ, 9) ㄴ, 10) ㄹ, 11) ㄴ, 12) ㄷ, 13) ㄱ, 14) ㄱ

낱말 풀이

고인돌
둘 또는 그 이상의 돌을 세우고, 큰 돌을 그 돌 위에 가로질러 얹어서 만든 선사 시대의 구조물.

관
장례식이나 화장을 위해 시신을 넣는 상자.

귀족
가문이나 신분이 높아 사회적 지위와 특권을 가진 계층. 유럽에는 공작, 후작, 백작, 자작, 남작 등이 있었다.

기도
은혜에 감사하고 도움을 청하기 위해 신에게 올리는 말. 성자와 같은 성스러운 존재에게 하기도 한다. 예배 의식 중에 정해진 기도문을 암송하는 것도 기도라고 할 수 있다.

난민
위험을 피해 한 나라에서 다른 나라로 도망치는 사람.

단식
종교나 건강의 이유로 일부러 굶으며 지내는 것.

명상
마음을 안정시키기 위해, 또는 종교적이거나 영적인 목적을 위해 고요한 무아지경의 상태로 들어가는 것.

몬순
열대 일부 지역에서 부는 계절풍의 한 유형. 연중 얼마 동안은 한 방향으로 불고 나머지 기간에는 다른 방향으로 분다. 이 바람이 불고 나면 보통 우기나 건기가 온다. '몬순'은 우기 동안에 내리는 많은 양의 비를 뜻하기도 한다.

문신
잉크나 다른 염료를 이용해 피부에 영구적으로 새기는 무늬나 모양.

반구
지구와 같이 둥근 물체의 반쪽.

범죄
법을 어겨 처벌을 받게 되는 행위.

보철기
신체의 일부를 대신하기 위해 인공적으로 만든 기구. 인공 손, 인공 다리 등이 있다.

복제
원래의 것을 똑같이 만드는 것. 고대의 동상을 현대에 똑같이 만드는 것과 같이, 원래의 물건을 움직일 수 없을 때, 복제를 이용해 다른 여러 장소에서도 전시할 수 있다.

상형 문자
사물의 모양이나 사건의 성격을 상징적인 그림으로 기록한 문자. 초기의 글에는 보통 상형 문자가 쓰였다.

선사 시대
글로 쓰인 역사나 기록이 생기기 이전의 시대.

세포
인간과 다른 생물들의 몸을 이루는 작은 생물 단위. 피부 세포, 신경 세포 등이 있다.

신화
특정한 고대 문화나 부족에 전해 내려오는 이야기 모음. 사람들이 한때 사실이라고 믿었던 오래된 이야기로, 특히 신들이 등장하거나 땅이나 하늘 같은 것이 처음에 어떻게 만들어졌는지 설명하는 내용이 많다.

영양분
탄수화물, 단백질, 지방, 비타민, 무기질처럼 음식에 들어있는 것으로 몸의 성장과 유지를 돕는 물질.

예언자
신 대신에 말하거나, 앞날을 미리 알려준다고 하는 사람.

우기
열대 지방에서 많은 양의 비가 장기간 내리는 시기.

유전자
우리 몸이나 동물, 식물의 거의 모든 세포에 있는 '설명서' 모음. 생물의 종에 따라 다양하다. 사람의 성장 방법, 다른 사람과 달라 보이게 만드는 요소 등을 통제한다. 유전자의 절반은 어머니에게서, 절반은 아버지에게서 온다. 유전자는 DNA라는 물질로 이루어진다.

유전학
유전자와 유전자가 일으키는 결과인 머리카락과 눈의 색깔 같은 특징이 어떻게 부모에게서 자녀에게로 전해지는지를 연구하는 학문.

자동
사람이 계속 제어하지 않아도 저절로 작동하는 기계의 속성을 설명하는 말.

조상
할아버지의 할아버지의 할아버지, 할머니의 할머니의 할머니처럼 우리를 낳아 주신 어른들을 두루 부르는 말. 한 집단이나 부족 전체의 초기 세대를 뜻하기도 한다.

지문
손가락 끝부분 살갗의 무늬. 사람마다 다 다르다.

진동
흔들리거나 떨리는 움직임.

파라오
고대 이집트의 통치자. 신으로 숭배받는 경우가 많았다.

포유류
어미가 새끼에게 젖을 내어 먹이는 동물. 인간도 이에 속한다. 포유류는 털이 있고 어린 새끼를 낳는다.

해독
알려지지 않은 언어로 쓰인 단어들이나 암호와 같은 내용의 의미를 밝혀내는 일.

찾아보기

ㄱ
가난 40
가발 21
가상 화폐 37
가족의 특성 11
가짜 지폐 49
가히 47
갈등 24~25
감각 9, 12, 13, 16~17
감정 12, 13, 14~15
개 사료 시식 전문가 43
게임 44~45
경극 33
경기용 의족 45
경범죄 38
고대 그리스 28, 32, 45
고대 로마 20, 35
고대 이집트 28, 34, 36, 40, 45, 49
고등교육 40
고인돌 48
골격 계통 9
골수 8, 9
공룡 7
공연 예술 32~33
관심 37
관절 9
교육 40~41
교육을 받을 권리 40
교육의 평등 40
구텐베르크, 요하네스 29
국제 연합(유엔) 25
귀 17
귀중한 보석 21
그레고리 달력 35
그리스도교 22, 49
극장 32
근육 8, 9, 12, 13, 16
글을 읽고 쓸 줄 아는 능력 41
금화 36
기관총 25
꿈꾸기 13

ㄴ
난민 25
내전 24, 25
네발짐승 7
네안데르탈인 6, 19
네팔 49
노르에피네프린 15
농사 18
뇌 6, 9, 11, 12~13, 14, 15, 16, 17, 26, 33, 45
뇌간 12
뇌파 13
누루즈 47
눈 11, 16
뉴욕 증권 거래소 37

ㄷ
다이빙 45
단백질 8, 9
달력 34~35, 47
닭 39
대뇌 12, 13
대립 형질 11
대학 40
대한민국 47
데시벨(db) 17
도교 22
도파민 15
돈 36~37
돌로 만든 화폐 36
돌연변이 11
동굴 벽화 30~31
두 발 걷기 7
뒤센 미소 15
듣기 17
디왈리 47

ㄹ
라스타파리 23
레슬링 45
로마자 28
로봇 43
로쉬 하샤나 47
로제타돌 28
루마니아 49
루시(화석) 7
리틀 빅혼 전투 24

ㅁ
마그나 카르타 38
마녀재판 39
마디 그라 47
마사이 사람들 21

마야 28, 34
마오리 21
맛 12, 17
머리 모양 21
머리카락 6
멕시코 48
멸종 6, 27
모나리자(레오나르도 다 빈치) 15
몸 장식하기 20, 21
몸에 필요한 식품 19
무덤 48
무라사키 시키부 29
무하람 47
문신 20, 21
문자 체계 28
물건을 사고파는 일 36
물고기 7
물물 교환 36
물에 빠뜨릴 수 있는 의자 39
물 위에 떠 있는 학교 41
미각 세포 17
미국 24, 27, 36, 37, 38, 39
민사 38, 39
민중 문자 28

ㅂ
바빌로니아 34
바하이교 23
반구 12
반려동물 사료 43
반사 행동 13
방글라데시 41
방향제 17
번개 7
범죄 11, 38~39
법률 38~39
법의학 11
법정 39
베트남 23
변연계 13, 14
변호사 39
보드게임 45
보석 20, 21
보철구 45
볼트, 우사인 7
봄 축제 35
부신 15
불 7, 19

불교 22, 35, 47
브레이크 댄스 33
비트코인 36, 37
뼈 9, 25

ㅅ
사냥 18, 30
사회성 40
사후 세계 45, 49
산소 8, 9, 15
살레르노의 트로타 9
상형 문자 28, 29, 45
새해 46, 47
생체 공학 보철구 45
설날 47
세계 인권 선언 40
세네트 45
세로토닌 15
세일럼 마녀 재판 39
세포 8, 9, 10, 11, 12, 16, 17
셰익스피어, 윌리엄 33
소뇌 12
소름이 돋다 6, 14
소화 계통 9
손끝 17
손의 동굴 30
송끄란 47
송아지의 가죽을 넓게 펴서 만든 종이 38
쇼가쓰 47
수니파 22
수단 24
수메르 사람들 28
수면 12, 13
수술 43
수영 45
수표 36
수화 27
순환 계통 9
숫자 체계 28
스코틀랜드 47
스페인의 코바시엘라 동굴 30
스포츠 44~45
스피드 스케이팅 45
시력 12, 13, 16
시리아 25
시바 48
시상하부 14, 15

시크교 22
식품 낭비 19
신경 계통 9
신경 세포 12, 13
신경 전달 물질 15
신도 23
신용 카드 36
심장 9, 15
쐐기 문자 28

ㅇ
아기 26
아드레날린 15
아메리카 원주민 24, 36, 47
아즈텍 35
알파벳 28
암호 화폐 37
약 9
양서류 7
어린이 노동 42
언어 7, 26~27, 28
에티오피아 34, 47
엔쿠타타쉬 47
연골 9
염색체 10
영국 23, 38
영어 27
영장류 7
예술 7, 30~31, 42
오스트랄로피테쿠스 아파렌시스 6, 7
올림픽 대회 45
요리 7, 19, 43
요리사 43
용접 42
우기 41
우주 여행 33
웃음 15
위카 23
유교 23
유대교 23, 47, 48
유대인의 1년 34
유스티니아누스 1세 황제 38
유전학 10~11
윤년 34
율리우스 달력 34
은행 37
은화 36

음력 34
음식 9, 18~19
음악 32, 33
의복 20, 21
이누이트 18
이더리움 37
이란 23, 47
이산화 탄소 8, 9
이슬람교 22, 47
이슬람교도 22, 34, 47
이야기 지어 들려주기 26
인간의 진화 6~7
인공 지능 43
인도 23, 34, 35, 47
인쇄기 29
인체 8~9
일본 23, 29, 47
일하기 40, 42~43
일하면서 배우기 43
읽기와 쓰기 28~29, 40, 41
잉카 18, 35

ㅈ
자메이카 23
자원봉사 43
자이나교 23
장기 8, 9
장애가 있는 사람 45
전자 송금 36
전쟁 24, 25
젤리 18
조개껍데기 목걸이 36
조개껍데기 화폐 36
조로아스터교 23
조직범죄 38
종교적 신념 22~23, 49
주술 23, 39
주식 19
죽은 자들의 날 48
죽음의 의식 48~49
중국 23, 27, 29, 33, 34, 36, 44, 46, 49
증권 시장 37
지구의 나이 7
지문 11
지폐 36, 37, 49
진화 6~7
질병 8

짐바브웨 37

ㅊ
채권 37
채식주의자 19
책 29
처벌을 하는 이유 39
척수 9, 12, 13
천리교 23
천주교 22
체조 45
촉감 12, 17
최악의 인플레이션 37
축구 44
축제 46~47, 48
침팬지 7

ㅋ
카디 비 20
카오다이교 23
캥거루 1톤 금화 36
코 17
크리올어 27

ㅌ
탄수화물 8
태국 47
태양년 34
태양의 서커스 32
투쟁 도피 반응 15
투탕카멘 45, 49
티리언 퍼플 20

ㅍ
파라오 45, 49
파룬궁 23
파푸아뉴기니 27
판사와 배심원 39
패션 20
페니키아 28
페르시아 34, 35, 47
편도 17
편도체 14, 15
평등한 사회 40
평화 시위 24
폐 9, 15
포유류 7
표정 14, 15
표준 중국어 27

프리마베라(보티첼리) 35
피 8, 9
피진어 27

ㅎ
학교 40, 41
한국 수어 27
해드필드, 크리스 33
해마 14
핵 10
허상 13
혈관 8, 9
혈구 8, 9
혈소판 8
혈장 8
형사 38, 39
호그머네이 47
호모 사피엔스 6, 7
호모 에렉투스 6, 19
호모 하빌리스 6
호미닌 6
호흡 9
호흡 계통 9
화석 6
화장 48
화폐 36~37
환생 49
후각 17
후각 망울 17
힌두교 22, 47, 48, 49

ABC
DNA 10, 11, 25

참고한 자료

이 책은 여러 단계를 거쳐서 편찬되었습니다. 글쓴이는 하나하나의 주제마다 믿을 만한 자료를 참고하여 글을 썼습니다. 편집자는 글 속에 인용된 정보에 잘못은 없는지 다른 자료와 대조하며 낱낱이 확인했습니다. 다음에는 분야별 전문가가 내용이 정확한지 감수했습니다. 한국의 옮긴이와 편집자는 원래 영어로 펴낸 이 책의 관점과 표현이 한국의 어린이들에게 적절한지 살펴보면서 내용과 문장을 다듬었습니다. 그 과정에서 참고한 자료는 이 책에 담지 못할 만큼 많습니다. 그중에서 주요 자료를 추려서 아래에 밝힙니다.

p.6-7 Australopithecus Afarensis, www.australianmuseum.net.au.; Gowlett, J. A. J. "The Discovery of Fire by Humans: A Long and Convoluted Process." Philosophical Transactions of the Royal Society B: Biological Sciences, vol. 371, no. 1696, June 2016; Wayman, Erin. Becoming Human: The Evolution of Walking Upright, www.smithsonianmag.com. **p.8-9** Anatomy of a Joint. www.stanfordchildrens.org; Neumann, Paul E. and Gest, Thomas R. "How Many Bones? Every Bone in My Body." Clinical Anatomy, vol. 33, no. 2, 2020. **p.10-11** Briggs, Helen. DNA from Stone Age Woman Obtained 6,000 Years On, www.bbc.com; Fieldhouse, Sarah. We've Discovered a Way to Recover DNA from Fingerprints without Destroying Them, www.phys.org; What Is DNA?, www.ghr.nlm.nih.gov. **p.12-13** Brain Basics: Genes At Work In The Brain, www.ninds.nih.gov; Kieffer, Sara. How the Brain Works, www.hopkinsmedicine.org; Martinez-Conde, Stephen L. and Macknik, Susana. How Magicians Trick Your Brain, Scientific American, www.scientificamerican.com. **p.14-15** Callaway, Ewen. Mona Lisa's Smile a Mystery No More, www.newscientist.com; Hwang, Hyi Sung and David Matsumoto. Reading Facial Expressions of Emotion, www.apa.org; Understanding the Stress Response, www.health.harvard.edu. **p.16-17** Anatomy of the Eye. www.kelloggeye.org; How Does Loud Noise Cause Hearing Loss, www.cdc.gov; Munger, Stephen D. The Taste Map of the Tongue you Learned at School is All Wrong, www.smithsonianmag.com. **p.18-19** Foley, Jonathan. Feeding 9 Billion, www.nationalgeographic.com; Food Loss and Food Waste, www.fao.org; Pariona, Amber. What Are the World's Most Important Staple Foods?, www.worldatlas.com. **p.20-21** Keller, Alice and Ottaway, Terri. Centuries of Opulence: Jewels of India, www.gia.edu; Jahangir, Rumeana. How Does Black Hair Reflect Black History?, www.bbc.com; Schultz, Colin. In Ancient Rome, Purple Dye Was Made from Snails, www.smithsonianmag.com. **p.22-23** Armstrong, Karen. A History of God (New York: Gramercy, 2004). Smith, Huston. The World's Religions (New York: HarperOne, 2009). **p.24-25** Medicine in the Aftermath of War, www.sciencemuseum.org.uk; Ferguson, R. Brian. War Is Not Part of Human Nature, www.scientificamerican.com. **p.26-27** Lustig, Robin. Can English remain the 'world's favourite' language?, www.bbc.co.uk; Jackendoff, Ray. FAQ: How Did Language Begin? www.linguisticsociety.org; What are the top 200 most spoken languages? www.ethnologue.com. **p.28-29** Mark, Joshua J. Cuneiform, www.ancient.eu; Schmandt-Besserat, Denise. The Evolution of Writing, www.utexas.edu; Boissoneault, Lorraine. How Humans Invented Numbers—And How Numbers Reshaped Our World, www.smithsonianmag.com. **p.30-31** www.nationalgeographic.com; Pettitt, P. B, et al. Hand Stencils in Upper Palaeolithic Cave Art, www.dur.ac.uk; Vergano, Dan. Cave Paintings in Indonesia Redraw Picture of Earliest Art. **p.32-33** Music and the Brain: What Happens When You're Listening to Music, www.ucf.edu; Performing Arts (Such as Traditional Music, Dance and Theatre), www.ich.unesco.org; William Shakespeare, www.bl.uk. **p.34-35** Stern, Sacha. Calendars in Antiquity: Empires, States, and Societies. (Oxford, UK: Oxford University Press, 2012); Longstaff, Alan. Calendars from Around the World, www.rmg.co.uk; Mystery of the Maya—Maya Calendar, www.historymuseum.ca. **p.36-37** How Money is Made—Paper and Ink, www.moneyfactory.gov; Kishtainy, Niall. A Little History of Economics. (New Haven, CT, US: Yale University Press, 2017); Tonne Gold Kangaroo Coin, www.perthmintbullion.com. **p.38-39** Eleftheriou-Smith, Loulla-Mae. Magna Carta: What is it-and why is it still important today?, www.independent.co.uk.; Levack, Brian P. The Witch-Hunt in Early Modern Europe. (London: Longman, 1987). **p.40-41** Beaubien, Jason. 'Floating Schools' Make Sure Kids Get To Class When The Water Rises, www.npr.org; Girls' Education, www.worldbank.org; Patrinos, Harry A. Why Education Matters for Economic Development, www.blogs.worldbank.org. **p.42-43** Data on the future of work, www.oecd.org; Ferguson, Donna. From Dog Food Taster to Eel Ecologist, www.theguardian.com **p.44-45** Geere, Duncan. Bionic Bolt: The Future of Performance Enhancing Sports Robotics, www.techradar.com; Solly, Meilan. The Best Board Games of the Ancient World, www.smithsonianmag.com. **p.46-47** Boomer, Ben. Ghaajj Navajo New Year, www.shamaniceducation.org; Crump, William D. Encyclopedia of New Year's Holidays Worldwide. (Jefferson, NC, US: McFarland, 2016). **p.48-49** Ebenstein, Joanna. Death: A Graveside Companion (London: Thames & Hudson, 2017); "Egyptian Mummification," www.spurlock.illinois.edu.

사진과 이미지 출처

이 책에 사진과 이미지를 싣도록 허락해 주신 분들께 감사의 말씀을 드립니다. 사용한 사진과 이미지의 출처를 명확하게 밝히기 위해서 최선을 다했습니다만, 혹시라도 잘못 표기했거나 빠뜨린 부분이 있다면 너른 이해를 부탁드립니다. 다음 판에서 바로잡도록 하겠습니다.

위치 표시 : 위(t), 아래(b), 왼쪽(l), 오른쪽(r), 가운데(c)

p.4 istock/derno; p.6tr GODONG/ BSIP/Superstock; p.7tl paolo siccardi/ SYNC/ Marka/Superstock; p.7cl Ottfried Schreiter/imageBROKER/Superstock; p.7bl istock/GlobalP; p.7br Kul Bhatia/ age fotostock/Superstock; p.9cl fototeca gilardi/Marka/Superstock (Trota); p.10 istock/Artem_Egorov; p.11tc 123rf.com/bzh22; p.11cl Charlotte Cox; p.11cr Tom Bjorklund; p.11bcr Image courtesy of Abigail H. Ferensten; p.11bc Cultura Creative/ Superstock; p.12tc istock/Henrik5000; p.13bl istock/MediaProduction; p.13br istock/zygotehasnobrain; p.14 istock/calvindexter; p.15tl 123rf.com/ luckybusiness; p.15tr istock/Vintervarg; p.15cl istock/monkeybusinessimages; p.15br Wikimedia Commons; p.17cr istock/VikiVector; p.17cr istock/appleuzr; p.17cr istock/Rakdee; p.17cr istock/ mechanick; p.17cr istock/soulcid; p.17bc istock/ByM; p.17br istock/GlobalP; p.18br Dreamstime/Chernetskaya; p.19tc 123rf.com/yupiramos; p.19r Clickalps SRLs/age fotostock/Superstock; p.19bc 123rf.com/ fuzullhanum; p.20tc World History Archive/ Superstock; p.20b Dia Dipasupil/Getty; p.21tl Science History Images/Alamy; p.21br istock/master2; p.22-23 Dreamstime/Sadalaxmi Rawa; p.23 123rf.com/redberry; p.24t World History Archive/ Superstock; p.24bc Ashraf Shazly/AFP/Getty; p.25tl 123rf.com/chatcameraman; p.25cr ITAR-TASS News Agency/Alamy; p.25bcr Encyclopaedia Britannica, Inc.; p.25cl 123rf.com/Alexander Pokusay; p.25bl 123rf.com/artush; p.26tr istock/JohnnyGrieg; p.27cl istock/Lokibaho; p.27cr Image courtesy of Laura Kalin; p.27bl Dreamstime/ Danemo; p.28tr istock/f9b65183_118; p.28c DeAgostini/Superstock; p.28bl DeAgostini/Superstock; p.28br Jose Peral/ age fotostock/Superstock; p.29cl istock/ coward_lion; p.29bc wikimedia commons(cc BY-SA 4.0 International); p.29br 123rf.com/Kobby Dagan; p.30-31 Look-foto/Superstock; p.30bc Javier Etcheverry/Visual & Written/ Superstock; p.32 Robert Marquardt/ Getty; p.32bl Jan Wlodarczyk/Alamy; p.33tl TAO Images Limited/Alamy; p.33cl istock/TonyBaggett; p.33c NASA; p.33br Dreamstime/Kino Alyse; p.34-35 123rf.com/magicpictures; p.34-35 istock/ bananajazz; p.34-35 123rf.com/aratehortua; p.34-35 istock/AVIcons; p.34-35 Dreamstime/Sadalaxmi Rawa; p.34-35 Dreamstime/Dreamsidhe; p.34-35 istock/ ekazansk; p.34-35 istock/MicrovOne; p.34-35 istock/appleuzr; p.34-35 istock/kumarworks; p.34-35 istock/Tatiana_Ti; p.34-35 istock/Drypsiak; p.34-35 istock/ olnik_y; p.34-35 istock/Alexey Morozov; p.34-35 123rf.com/Svitlana Drutska; p.34-35 istock/Photoplotnikov; p.35tr World History Archive/Superstock; p.36l istock/ GeorgeManga; p.36l istock/Bakal; p.36l istock/Balora; p.36l istock/Counterfeit_ua; p.36l istock/-VICTOR-; p.36l istock/13ree_ design; p.36l istock/Tanya St; p.36l istock/ Vectorios2016; p.36l istock/einegraphic; p.36tr Wikimedia Commons/Baomi (CC BY- SA 4.0 International); p.37tr Dreamstime/ Kwanchaidt; p.37cl Dreamstime/Joe Sohm; p.37br Dreamstime/Taigis; p.38t istock/ TonyBaggett; p.39cl istock/undefined undefined; p.39cr Image courtesy of Jack Snyder; p.40cl agefotostock/Alamy; p.40tr istock/hadynyah; p.41t Jonas Gratzer/ Getty; p.42t Steve Morgan/Alamy; p.42bc David Gee 4/Alamy; p.43tr Nature Picture Library/Cyril Ruoso; p.43bl istock/cherstva (chair/table); p.43bl istock/Alex Belomlinsky (dog bowl); p.43br 123rf.com/Ian Allenden; p.44tr Jose Breton/NurPhoto/Getty; p.45tl Alain Guilleux/ age fotostock/ Superstock; p.45tr Sueddeutsche Zeitung Photo/Alamy; p.45bl Warren Little/Getty; p.48t istock/Solange_Z; p.48br Chris Warren/Superstock; p.49tl age fotostock/ Superstock; p.49r DeAgostini/Superstock; p.49bl istock/ThamKC; p.50 Image courtesy of Pravina Shukla; Image courtesy of Gina A. Zurlo; Image courtesy of Martin Polley.

이 책을 만든 사람들

글

신시아 오브라이언
자연 과학과 역사, 문화에 대한 책을 쓰는 저술가이다. <놀라운 뇌의 비밀>, <여성 과학자들>, <아메리카 원주민의 역사와 문화 백과사전>과 같은 책을 썼다. 영국과 캐나다를 오가며 일하고 있다.

그림

마크 러플
20년 동안 일러스트레이터와 디자이너로 일했다. 동물과 사람, 과학과 관련된 모든 것을 그림으로 표현하는 것을 좋아한다.

잭 타이트
영국 레스터의 일러스트레이터이자 동화 작가이다. 그림을 그리지 않을 때에는 가까운 야생 동물 보호 지역에서 새를 관찰하는 것을 좋아한다.

옮김

한국백과사전연구소
엔사이클로피디어 브리태니커의 한국 지사인 한국브리태니커회사에서 다양한 백과사전을 만들었던 백과사전 전문가 집단이다. 오랜 경험에 바탕을 둔 '안목'과 '균형'을 바탕으로, 시대에 맞는 새로운 백과사전을 연구하고 만드는 일을 하고 있다.

감수

폴 딜리 미국 아이오와, 아이오와 대학교
미셸 더피 오스트레일리아 뉴사우스웨일즈, 뉴캐슬 대학교
애비게일 페레스틴 캐나다 버나비, 사이먼프레이저 대학교
수지 거버 미국 서머빌, 헤이븐 식품 수석 요리사, 이노바 메디컬 시스템 수석 연구원
로라 캘린 미국 프린스턴, 프린스턴 대학교
니콜라 라네리 이탈리아 시칠리아, 카타니아 대학교
대린 르후 캐나다 킹스턴, 퀸즈 대학교
미란다 린 미국 노멀, 일리노이 주립 대학교
마틴 폴리 영국 레스터, 드 몽포르 대학교 스포츠 역사 및 문화 국제 센터
존 래퍼티 미국 시카고, 엔사이클로피디어 브리태니커
카라 로저스 미국 시카고, 엔사이클로피디어 브리태니커
마크 샙웰 박사 영국 런던, 고고학자, 고고학 편집자
프라비나 슈클라 미국 블루밍턴, 인디애나 대학교
잭 스나이더 미국 뉴욕, 컬럼비아 대학교
실바나 텐레이로 영국 런던, 런던 경제 정치 과학 대학
알리샤 젤라즈코 미국 시카고, 엔사이클로피디어 브리태니커
지나 줄로 미국 보스턴, 고든콘웰 신학교 글로벌 그리스도교 연구 센터

BRITANNICA BOOKS

브리태니커 지식 백과 5
세상을 새롭게 바꾼 인간

엮음 크리스토퍼 로이드
글 신시아 오브라이언
그림 마크 러플, 잭 타이트
옮김 한국백과사전연구소

초판 1쇄 펴낸날 2022년 6월 8일

편집장 한해숙
기획편집 신경아, 한국백과사전연구소
디자인 최성수, 이이환
마케팅 박영준, 한지훈
홍보 정보영, 박소현
경영지원 김효순

펴낸이 조은희
펴낸곳 (주)한솔수북
출판등록 제2013-000276호
주소 03996 서울시 마포구 월드컵로 96 영훈빌딩 5층
전화 02-2001-5822(편집), 02-2001-5828(영업)
전송 02-2060-0108
전자우편 isoobook@eduhansol.co.kr
블로그 blog.naver.com/hsoobook
인스타그램 soobook2
페이스북 soobook2

ISBN 979-11-7028-053 1, 979-11-7028-948-/(세트)

어린이 제품 안전 특별법에 의한 제품 표시
l 품명 도서 l 사용연령 만 7세 이상 l 제조국 대한민국 l 제조자명 ㈜한솔수북
l 제조연월 2022년 6월

* 값은 뒤표지에 있습니다.

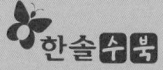

BRITANNICA ALL NEW CHILDREN'S ENCYCLOPEDIA

'브리태니커 북스'는 엔사이클로피디어 브리태니커와 왓언어스 출판사가 제휴하여 설립한 임프린트입니다. 이 책은 영국에서 처음 출판되었습니다.

개발 투칸 북스
아트 디렉터·표지 디자인 앤디 포쇼
표지 그림·레터링 저스틴 폴터
표지 이미지 istock/miadn61; /rusm; /derno
머리말 제이 루버링
감수 폴 딜리, 미셸 더피, 애비게일 페레스틴, 수지 거버, 로라 캘린, 니콜라 라네리, 대린 르후, 미란다 린, 마틴 폴리, 존 래퍼티, 카라 로저스, 마크 샙웰, 프라비나 슈클라, 잭 스나이더, 실바나 텐레이로, 알리샤 젤라즈코, 지나 줄로

투칸 북스
l 편집장 엘렌 듀폰 l 시니어 디자이너 토마스 킨스 l 시니어 에디터 도로시 스태나드 l 디자이너 테사 바인드러브, 니콜라 어드프레서, 리아 저먼, 일레인 휴슨, 데이브 존스, 리 리치스 l 에디터 존 앤드류스, 줄리 브루크, 캐런 브라운, 앨리시아 도런, 피오나 플로먼, 레이첼 워렌채드 l 어시스턴트 에디터 마이클 클라크 l 에디토리얼 어시스턴트 가브리엘 핸드버그 l 찾아보기 마리 로리머 l 사진 조사 수재너 제이스 l 교정 돌로레스 요크

엔사이클로피디어 브리태니커
l 편집 관리 책임 앨리슨 엘드리지 l 시니어 에디터, 철학·법·사회과학 브라이언 디그난 l 시니어 에디터, 천문학·우주 탐사·수학·물리학·컴퓨터·무기 화학 에릭 그레거슨 l 시니어 에디터, 지리학·사하라 이남 아프리카 에이미 매케너 l 어시스턴트 에디터, 식물·환경 과학 멜리사 페트루젤로 l 에디터, 지구·생명과학 존 래퍼티 l 에디터, 유럽 역사·군사 마이클 레이 l 시니어 에디터, 생의학 카라 로저스 l 교정 책임 에이미 티커넬 l 매니저, 지리·역사 제프 월렌펠트 l 어시스턴트 에디터, 중동 애덤 지단 l 어시스턴트 에디터, 예술·인문학 알리샤 젤라즈코 l 팩트 체크 책임 조앤 라코우스키 l 팩트 체크 피아 비글로우, 레트리샤 딕슨, 윌 고스너, 아르 그린

왓언어스 출판사
l 발행인 낸시 페레스틴 l 편집 주간 나탈리 벨로즈 l 아트 디렉터 앤디 포쇼
l 주니어 디자이너 데이지 사임스 l 제작 관리 알렌카 오블락

이 책의 원저작물에 대한 모든 권리는 따로 표시한 것을 제외하고 왓언어스와 엔사이클로피디어 브리태니커에 있으며, 한국어판에 대한 권리는 영국의 더라이트솔루션사와 한국의 ㈜디에디터를 통한 저작권자와의 계약에 의해 ㈜한솔수북에 있습니다. 이 책의 어떤 부분도 서면으로 된 승인 없이는 어떤 형태와 어떤 의미로든 복제하거나 전송할 수 없습니다. 여기에는 전자적이거나 기계적인 모든 방법, 복사와 녹음을 포함한 모든 형태, 정보 저장이나 검색과 같은 모든 정보 처리 방법이 포함됩니다.

Text © 2020 What on Earth Publishing Ltd. and Britannica, Inc.
Illustrations © 2020 What on Earth Publishing Ltd. and Britannica, Inc., except as noted in the credits on p.56.
www.whatonearthbooks.com

All rights reserved. No part of this publication may be reproduced or transmitted in any form or by any means, electronic or mechanical, including photocopying, recording, or any information storage or retrieval system, without permission in writing from the publishers.

Korean edition © 2022 Hansolsoobook Publishing Co.
Korean translation rights arranged with What On Earth Books through The Rights Solution, UK and The Editor, Seoul, Korea.

Printed and bound in Republic of Korea